KLARTEXT

Bildnachweis:
Adobe Stock: S. 19 ©dlyastokiv, S. 34 ©voloshin311, S. 70-71 ©virtua73; Blossey, Hans: S. 8-9, 19 o., 42-43; firo sportphoto: S. 18, 23, 31 u., 37, 39, 41, 44-47, 52, 57-59, 63, 66, 68-69, 72-82, 85, 87, 92-100; Fotosammlung Kurt Müller: S. 15, 16, 17, 21; imago: /Team 2 S. 4-5, /Thomas Bielefeld S. 6-7, 60-61, /Kicker/Eissner, Liedel S. 26, 114, /Kirchner-Media S.48-49, /Kolvenbach S. 54, /Sven Simon S. 56, /Laci Perenyi S. 102, 112, /WEREK S. 107, /Jan Huebner S. 111, /Pressefoto Baumann S. 115; Wikipedia: Eintracht4ever-WDAP S. 55; Horstmüller: S. 27, 30, 31 o., 86, 101; OpenStreetMap-Karte S. 18-19; dpa picture alliance: /Sven Simon S. 33, /Anke Waelischmiller/Sven Simon S. 50-51, dpa/Bernd Thissen S. 64-65, /Rolf Vennenbernd S. 91; Sammlung Gerd Dettmer, Dortmund: S. 12; Sammlung Gerd Kolbe: S. 10, 11, 20; Staat, Sascha: S. 13, 14, 24, 25, 84

Wir haben uns bemüht, alle Rechteinhaberinnen und Rechteinhaber zu ermitteln und die Rechte einzuholen. Sollten trotz sorgfältiger Recherche nicht alle berechtigten Ansprüche berücksichtigt worden sein, bitten wir dies uns mitzuteilen.

Bibliografische Information der Deutschen Nationalbibliothek
Die Deutsche Nationalbibliothek verzeichnet diese Publikation in der Deutschen Nationalbibliografie; detaillierte bibliografische Daten sind im Internet über portal.dnb.de abrufbar.

Impressum
2. Auflage Juni 2025
Layout und Satz: Joachim Bartels
Umschlaggestaltung: Guido Klütsch, Köln
Umschlagabbildungen: firo sportphoto (2); IMAGO: /ULMER Pressebildagentur, Sascha Staat (2), Horstmüller
Druck und Bindung: Multiprint GmbH, Slavianska Str. 10 A, Kostinbrod 2230, Bulgarien

ISBN 978-3-8375-2501-4

KLARTEXT
Jakob Funke Medien Beteiligungs GmbH & Co. KG
Jakob-Funke-Platz 1, 45127 Essen
info.klartext@funkemedien.de
www.klartext-verlag.de

Druckprodukt mit finanziellem
Klimabeitrag
ClimatePartner.com/23517-2505-1001

FSC www.fsc.org
MIX
Papier | Fördert gute Waldnutzung
FSC® C100431

Sascha Staat

Borussia Dortmund

Populäre Irrtümer
und andere Wahrheiten

Inhalt

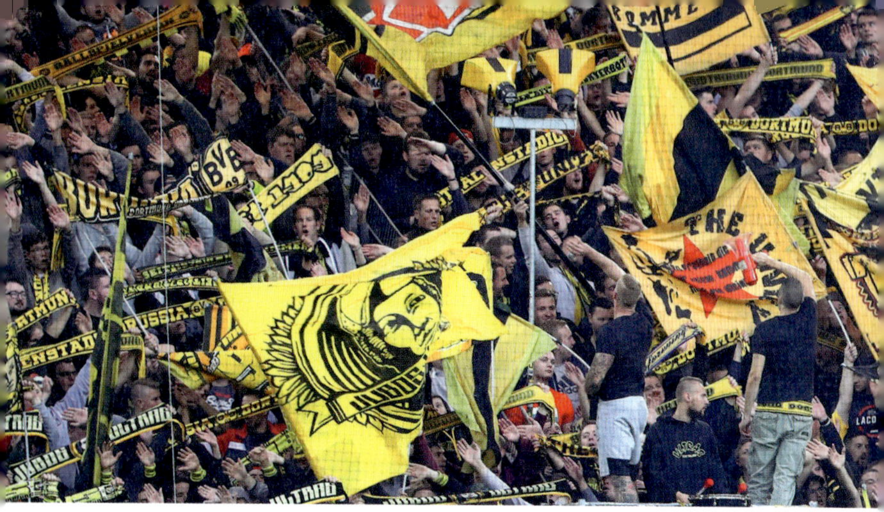

Zum Geleit

Dass ich als Fußballfan groß geworden bin, ist nur die halbe Wahrheit. Ein wenig hat es gedauert, aber mit der Weltmeisterschaft 1990 und den tollen Bildern aus Italien war es um mich geschehen. Und in NRW aufzuwachsen hat viele Vorteile, denn ein Verein in der Bundesliga jagte vor allem in den 1990ern den nächsten. Aber es sollte Borussia Dortmund sein, beim fast schon legendären Fuji-Cup gefiel mir die Mannschaft einfach so gut, dass ich mich fortan Fan nannte.

Der erste Besuch im Westfalenstadion ließ zwar noch auf sich warten, aber die Meisterschaft 1995 wurde auf dem Friedensplatz mitgefeiert. Sämtliche Artikel in den unterschiedlichen Zeitungen oder Magazinen wurden aufgesogen, die „Sportschau" oder „ran" schnell zum Pflichttermin. Die Helden hießen Stéphane Chapuisat, Matthias Sammer oder Lars Ricken.

Die schwarzgelbe Bettwäsche in Kindertagen, die Spielern oft angedichtet wird, gab es bei mir wirklich. Da macht es auch

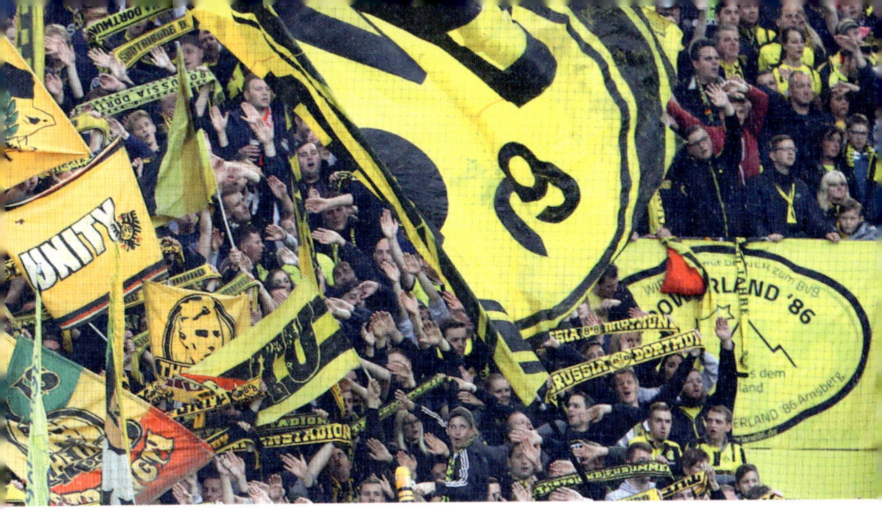

nichts, dass die Farben teilweise ins Extreme gingen, Stichwort Neon. Die 1990er Jahre waren eben etwas speziell. Mitgefiebert habe ich wohl am meisten, als der Stern von Lars Ricken im UEFA-Cup aufging. Das legendäre Rückspiel gegen La Coruña samt Verlängerung war für mich das erste Spiel der Spiele. Danach Meistertitel, Champions League, Weltpokal.

Fan ist man aber immer, auch in schlechten Zeiten. Die drohende Insolvenz, mauer Fußball, all das kann nie eine Ausrede sein, nicht ins Stadion zu gehen. Nicht immer reichte der Geldbeutel aus. Ein Glück, dass ich im Stadion mittlerweile arbeiten darf. Der perfekte Ort, um die ein oder andere Anekdote aufzuschnappen, die bis dato fast völlig unbekannt war.

Ein paar nette Geschichten sind hoffentlich dabei rumgekommen. Ich wünsche beste Unterhaltung!

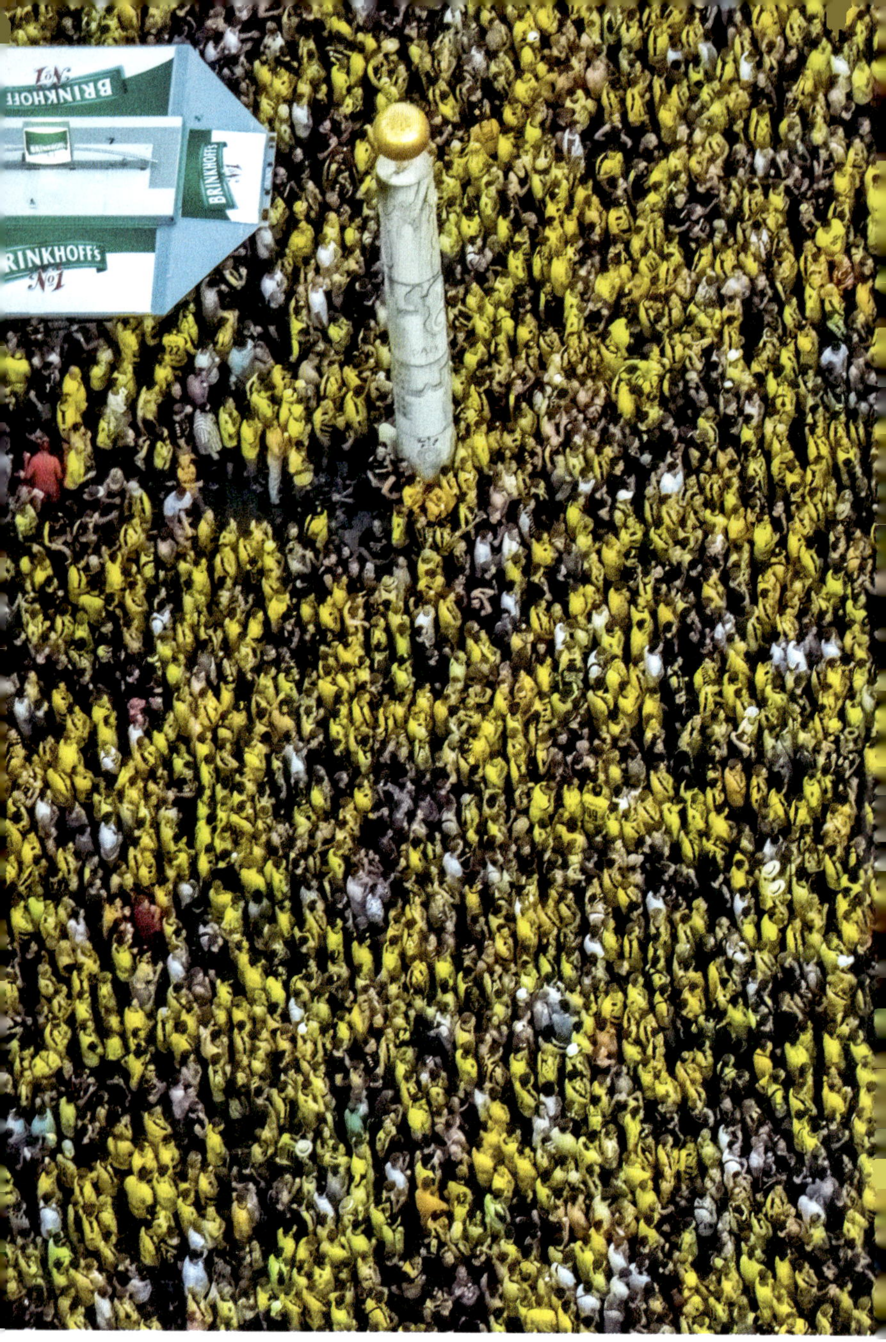
BRINKHOFF's
No1

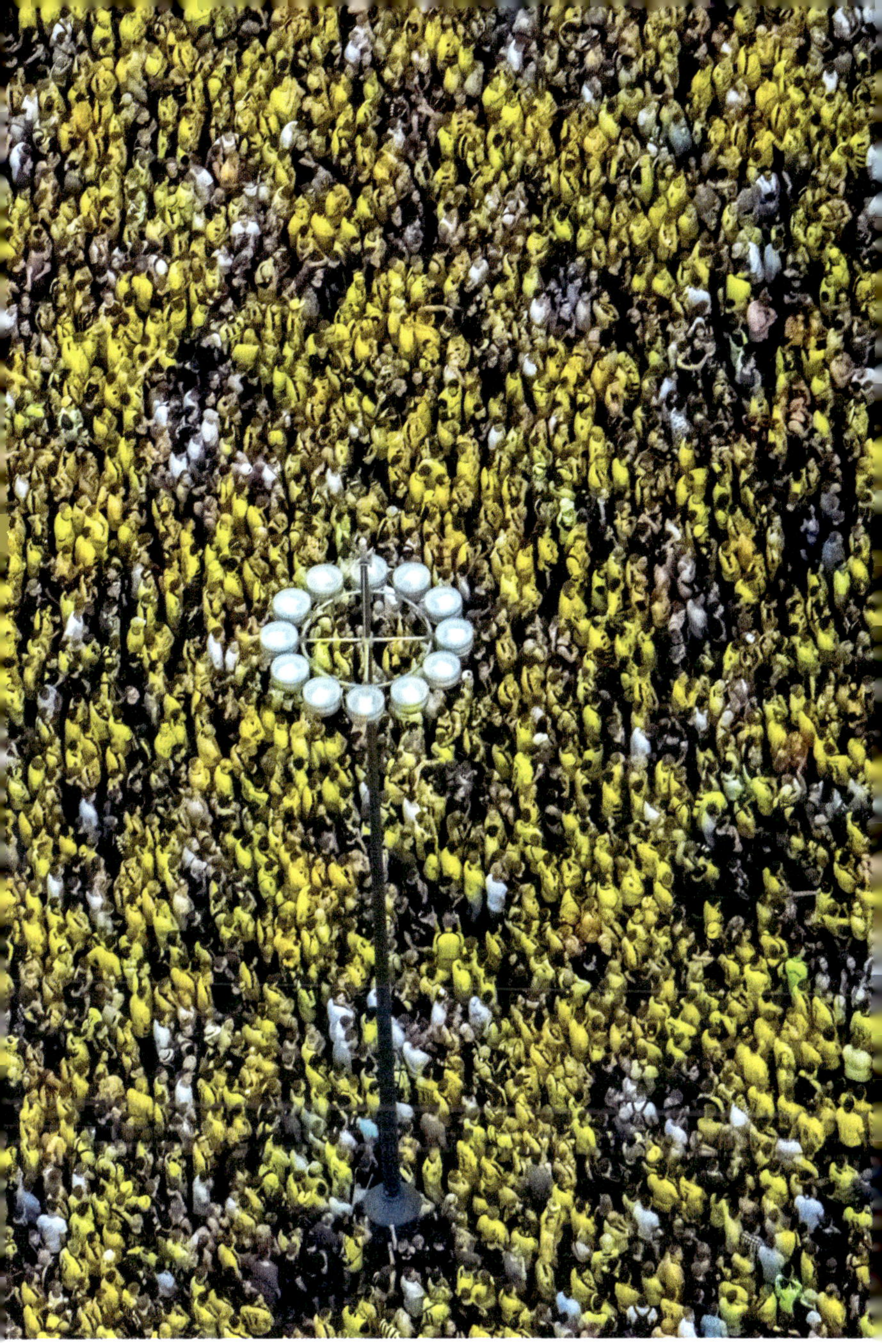

Eine Stadt in Schwarzgelb

Unvergessen, legendär

Über Borussia Dortmund als Verein, aber natürlich auch über die mit dem Club verbundenen zahlreichen Persönlichkeiten, könnten so viele andere Geschichten erzählt werden. Aber wo fängt man an und wo hört man auf? Mit Franz Jacobi zu beginnen liegt natürlich nahe. Er war die wohl wichtigste Figur rund um die Gründung des Vereins, zudem Kassierer, Geschäftsführer und Vorsitzender. Seine Rolle war so prominent, dass ihm 2015 ein Film gewidmet wurde: „Am Borsigplatz geboren – Franz Jacobi und die Wiege des BVB" ist ein Muss für jeden Fußballfan.

August Lenz sollte Erwähnung finden, der erste Nationalspieler des BVB und auch der erste Torschütze beim ersten Derbysieg. Alfred „Aki" Schmidt führte die Mannschaft in der Bundesliga als Kapitän auf das Feld und ist eine weitere Vereinslegende.

Interessant ist bestimmt auch, dass Paul Holz der einzige Akteur ist, der neben Schwarzgelb auch für Schalke und Bochum in der Bundesliga spielte. Oder Branko Zebec, der als Trainer mal rückwärts von der Bank fiel, weil er deutlich zu viel getrunken hatte. Legendär ist natürlich Norbert Dickel, der seine Karriere opferte, trotz Verletzung auflief und damit dem Verein mit dem Pokalsieg 1989 den ersten Titel nach 23 Jahren bescherte. Heute ist er als Stadionsprecher eine Institution und für immer der „Held von Berlin". Frank Mills Pfostenschuss im Münchner Olympiastadion, als er alleine auf das verwaiste Tor zulief, bleibt ebenso unvergessen. Genauso wie der Trenchcoat von Ottmar Hitzfeld, dem der Trainer in den 1990ern zu Kultstatus verhalf.

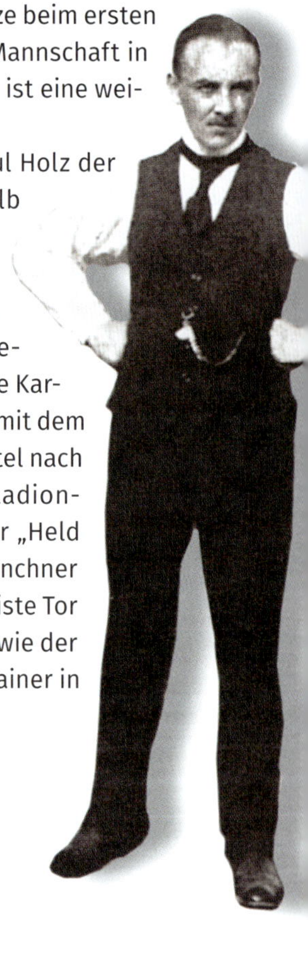

Zu nennen wären die „Mannis“: Zum einen Manfred (Burgsmüller), der beste BVB-Torschütze in der Bundesliga, zum anderen Sven (Bender), Kampfmaschine und Titelsammler mit Heldenstatus. Oder Michael Zorc, von allen nur „Susi“ genannt. Erst als Spieler eine Ikone und danach als Sportdirektor unentbehrlich. Oder sein Namensvetter Michael Meier, erst unumstritten und gefeiert, später Persona non grata. Der von ihm in die Wege geleitete Börsengang brachte einen Erlös von 130 Millionen Euro ein. Er wollte das Geld in „Steine und Beine“ investieren, aber verspekulierte sich, trieb den Verein fast in den Ruin.

Dann wäre da noch die „Rote Erde“, heute das Stadion, in dem die Amateure zuhause sind und im Schatten der Superstars nach der großen Karriere streben. Dessen Vorgänger war die „Weiße Wiese“, die sich in unmittelbarer Nähe des Borsigplatzes und der Industrieanlagen der Hoesch-Hüttenwerke im Dortmunder Norden befand.

Franz Jacobi und Borussia Dortmund mit dem „B“ als erstes Vereinsemblem

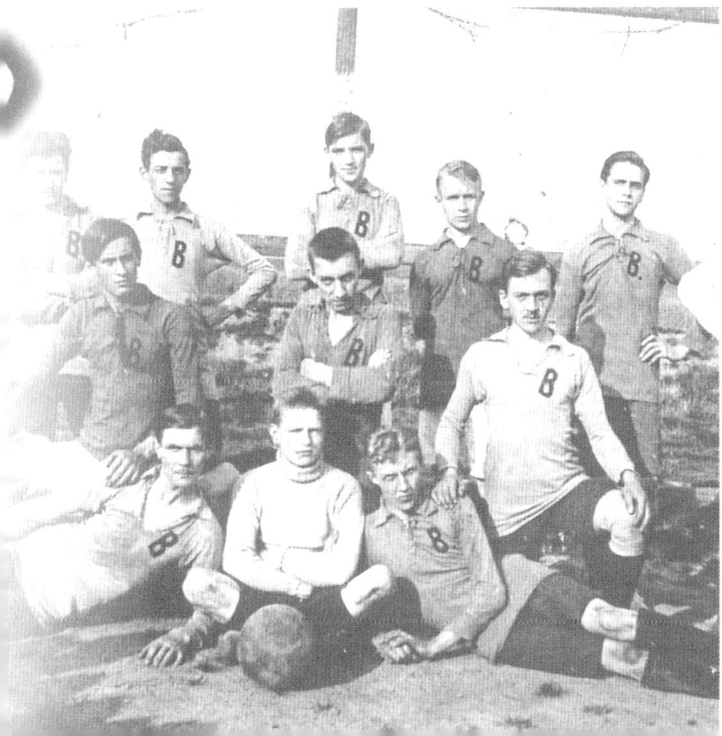

Auf ein Bier im „Wildschütz"

Mit Anfang des 20. Jahrhunderts wurde es unter den Mitgliedern der Jünglingssodalität „Dreifaltigkeit" immer beliebter, sich sportlich zu betätigen. Die Jugendorganisation gehörte zur gleichnamigen Gemeinde in der Flurstraße im Dortmunder Nordosten und wurde bereits 1901 gegründet.

Aber Kaplan Hubert Dewald, gleichzeitig Vorsitzender der Jünglingssodalität, war mit dem „rohen" und „wilden Treiben" auf dem Fußballplatz überhaupt nicht einverstanden. Deswegen setzte er einfach sonntags eine zusätzliche Andacht parallel zum Geschehen auf dem Platz an, um dem Ganzen ein jähes Ende zu setzen. Zudem verlangte er von den Fußballern, ihre Treffen nicht mehr im Wirtshaus „Zum Wildschütz" abzuhalten, sondern dafür in das Pius-Gemeindehaus zu kommen.

Dieser Konflikt war der Grund, warum ein eigenständiger Verein her musste. Am 19. Dezember 1909 trafen sich 50 Mitglieder der Gruppierung wie immer im „Wildschütz". Nach einigen Diskussionen blieben 18 Männer übrig, angeführt von Franz Jacobi und seinen

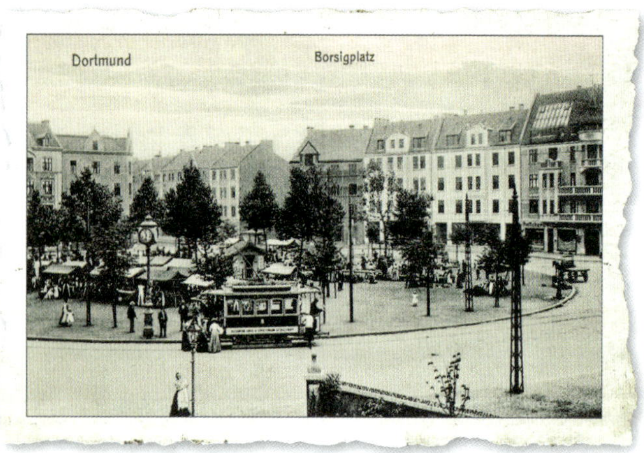

Postkarte vom Borsigplatz

beiden Brüdern. Der Rest hatte den Kaplan informiert, der die Gründung noch verhindern wollte. Ihm verwehrte man aber den Zutritt, und der neue Verein war geboren.

Ein Name musste natürlich her. Mittlerweile ist überliefert, dass „Borussia" nicht gewählt wurde, weil es die latinisierte Bezeichnung für Preußen ist. Nationalstolz war also nicht im Spiel. Tatsächlich kam der Name zustande, weil es gegenüber des „Wildschütz" einst eine Brauerei mit dem Namen „Borussia" gegeben hatte.

Entgegen der falschen Vermutung, die Männer hätten aus dem Fenster geschaut und die Brauerei gesehen, ist eine andere Geschichte die richtige. An einer Wand hing nämlich eine Werbetafel der Borussia-Brauerei. Die gab es zum Zeitpunkt der Gründung jedoch schon längst nicht mehr. Dieser frühen Form der Werbung ist also zu verdanken, dass der BVB heute Borussia heißt.

Die Vereinsgründer
Fritz Weber
Franz Jacobi
Wilhelm Jacobi
Julius Jacobi
August Toennesmann
Paul Dzienziella
Hans Kahn
Fritz Schulte
Heinrich Cleve
Gustav Müller
Hans Debest
Franz Wendt
Hans Siebold
Franz Risse
Franz Braun
Paul Braun
Heinrich Unger
Robert Unger

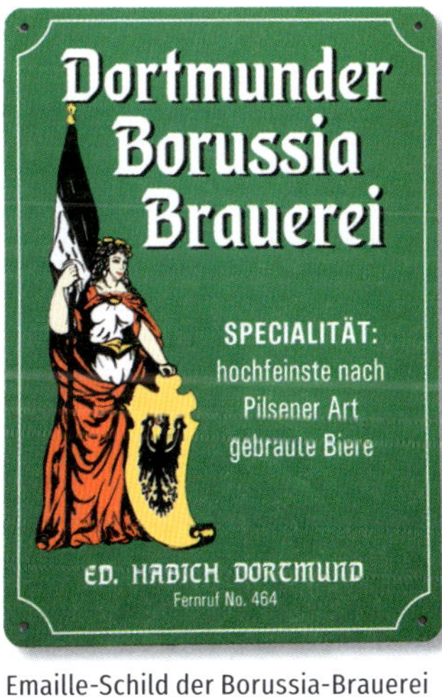

Emaille-Schild der Borussia-Brauerei

Das falsche Trikot

Seit jeher in Schwarzgelb? Das wünschen sich ganz bestimmt viele eingefleischte BVB-Fans. Aber das entspricht leider nicht der Wahrheit. In den Anfangsjahren des Vereins lief das alles noch ganz anders ab.

Das heutige Emblem entstand erst später, um 1918/19. Es dauerte auch, bis der Verein in den WSV, den Westdeutschen Spielverband, aufgenommen wurde. Damals entstanden überall neue Fußballclubs und deshalb wurde ein Aufnahmestopp erlassen. Der BVB schob die Leichtathletik-Abteilung vor und so erhielt am 3. Dezember 1910 die Fußballsparte ebenfalls die Zulassung.

In der Folge lösten sich Vereine wie Rhenania, Britannia und Deutsche Flagge auf, die Mitglieder schlossen sich Borussia Dortmund an und das hatte unter anderem zur Folge, dass auch die Farben gewechselt wurden. Das erste Trikot, falls man es so nennen möchte, bestand nämlich aus einem blau-weißen Hemd und einer schwarzen Hose. Über dem längsgestreiften Oberteil trugen die Spieler eine rote Schärpe, um so ihre Solidarität mit der Arbeiterbewegung zu demonstrieren.

Die neuen Vereinsfarben sorgten dann aber für eine andere Kleidung. Die Borussen liefen, wie heute auch, in schwarzen Hosen und gelben Hemden auf. Die Farben des Erzrivalen war man endlich los. Ein Glück, dass damals im BVB noch Leichtathletik betrieben wurde.

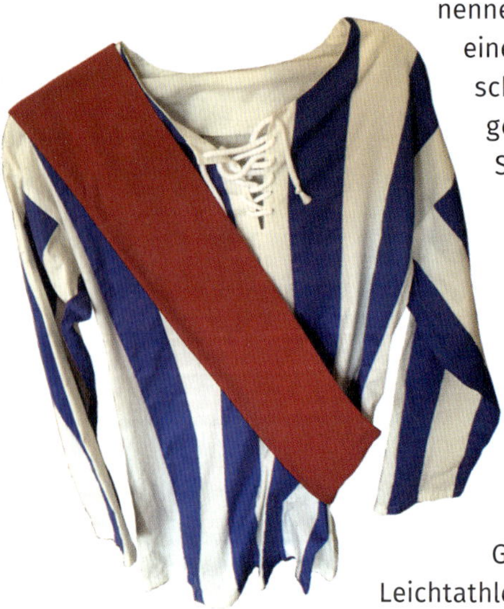

Erstes BVB-Trikot mit der markanten roten Schärpe

AHA!

Dortmunder Kreisel

Als Teil des berühmten „Schalker Kreisels", den er zusammen mit seinem Schwager Fritz Szepan in den 1920er Jahren entwickelt hatte, wurde Kuzorra zu einem der besten Spieler seiner Zeit. Urplötzlich fand er, der nie ein anderes als das königsblaue Trikot getragen hatte, sich auf der Bank von Borussia Dortmund wieder. Eigentlich hätte Fritz Thielen, ebenfalls sein Schwager, als erster Profitrainer die Schwarzgelben übernehmen sollen, doch der stand erst zu einem späteren Zeitpunkt zur Verfügung. So musste es also Kuzorra richten. Vom 1. Juli 1935 bis zum 30. August 1936 stand er, später zum Ehrenbürger Gelsenkirchens ernannt, an der Seitenlinie. Das wird es wohl nie wieder geben.

Fritz Szepan (l.) und Ernst Kuzorra

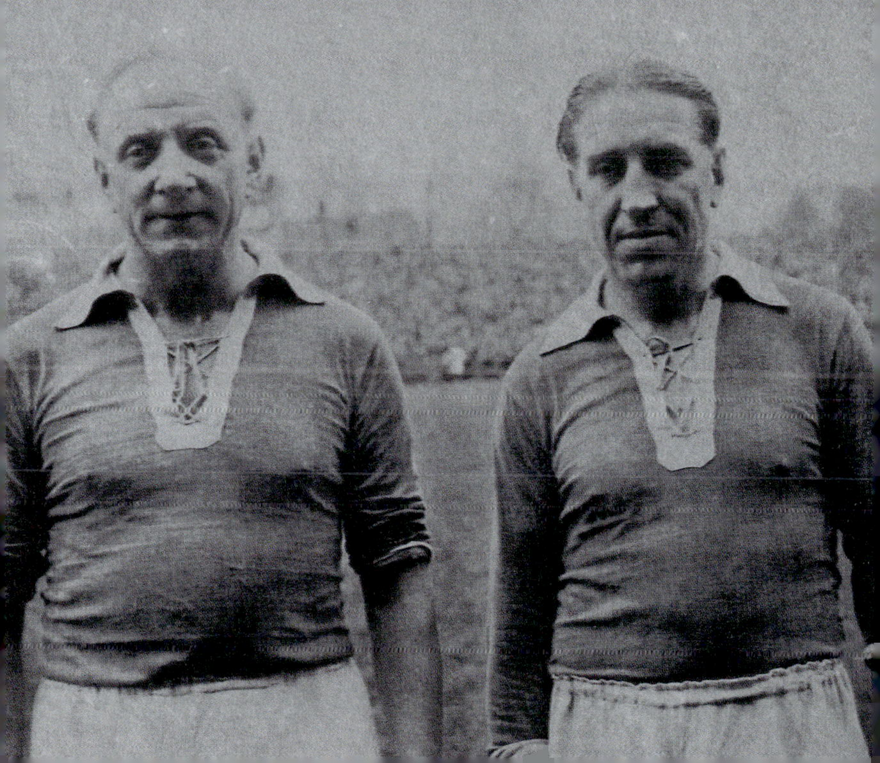

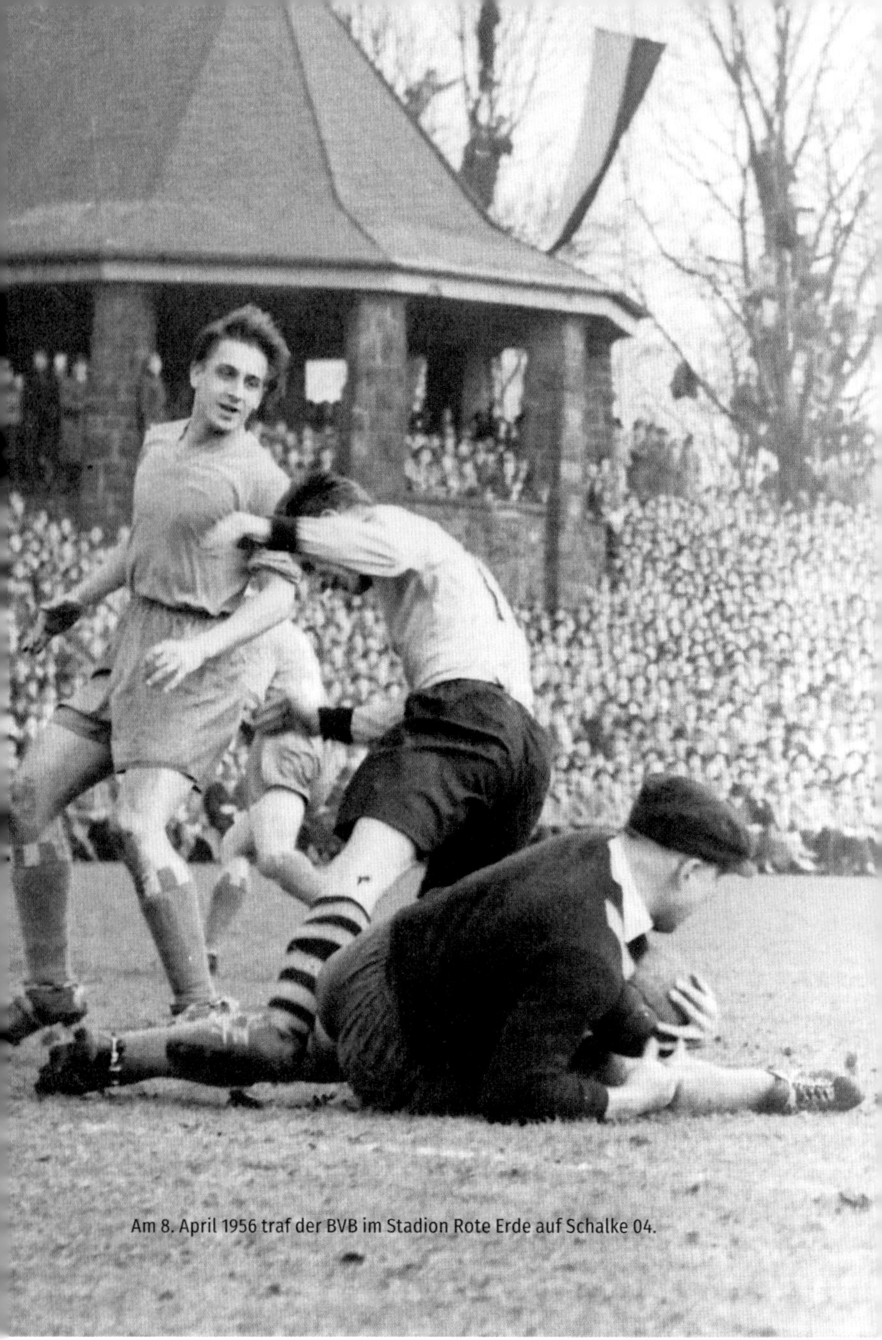

Am 8. April 1956 traf der BVB im Stadion Rote Erde auf Schalke 04.

Für immer Rote Erde

Das Stadion Rote Erde hat unter den BVB-Fans immer noch einen sehr hohen Stellenwert. Als Heimat der Amateurmannschaft bietet es im Schatten des Westfalenstadions ein Fußballgefühl wie in alten Zeiten. Gebaut wurde es zwischen 1924 und 1926 im Rahmen von Notstandsarbeiten tatsächlich von Arbeitslosen und am 6. Juni 1926 eröffnet. Zu Beginn hieß die Arena noch Kampfbahn Rote Erde, die Borussia Dortmund ab 1937 als Stadion für die Heimspiele nutzte.

Boxveranstaltungen wurden hier ebenso abgehalten wie 1927 der Deutsche Katholikentag und 1990 das Deutsche Turnfest. Gleich für mehrere Dortmunder Leichtathletik-Vereine dient es als Trainings- und Wettkampfstätte. Länderspiele wurden in der Roten Erde ebenfalls schon ausgetragen. Am 8. Mai 1935 traf das Deutsche Reich auf den Irischen Freistaat (Endergebnis 3:1).

Infolge der Bombenangriffe auf Dortmund im Zweiten Weltkrieg erlitt das Stadion schwere Schäden, die in den Nachkriegsjahren beseitigt wurden.

Am 8. April 1967 gewann Deutschland in der EM-Qualifikation mit 6:0 gegen Albanien. Während einst bis zu 42.000 Zuschauer Fußballspielen beiwohnten, dürfen mittlerweile nur noch ganze 9.999 Besucher ins Stadion Rote Erde. Immerhin 25.000 sind es noch bei der Leichtathletik. Das Stadion ist übrigens als Baudenkmal in die Denkmalliste der Stadt Dortmund eingetragen. So muss also niemand einen Abriss der altehrwürdigen Spielstätte befürchten.

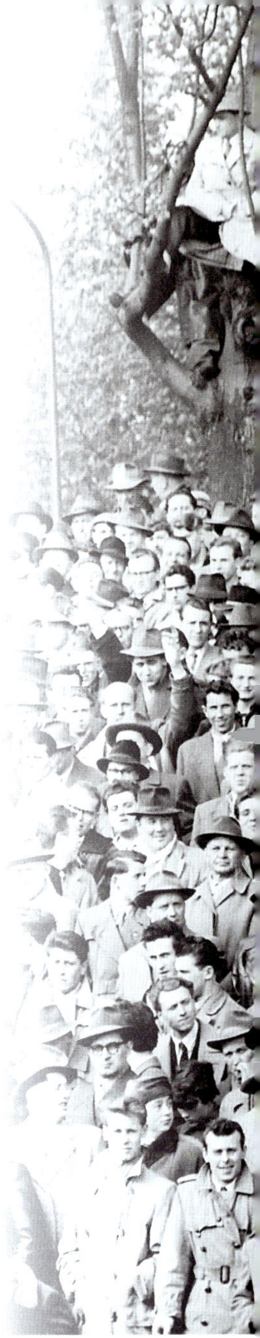

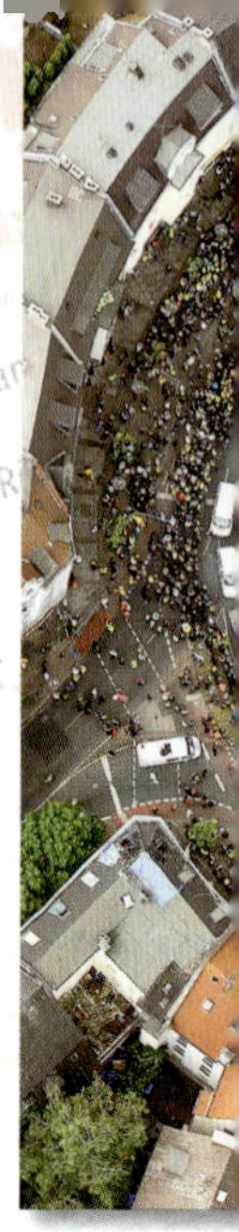

Rubbeldikatz am Borsigplatz

Wenn Borussia Dortmund einen großen Titel gewinnt, dann feiert das die ganze Stadt. Jeder möchte dabei sein, wenn die schwarzgelben Helden vom großen Bus aus den Massen zujubeln. Das Zentrum jeder Fahrt ist ganz traditionell der Borsigplatz, wo stets eine Ehrenrunde gedreht wird. Als der BVB 2011 Deutscher Meister wurde, komponierte die Band Casino Express das Lied „Rubbeldikatz am Borsigplatz". Hauptdarsteller im zugehörigen Video war Vereinslegende Aki Schmidt, der in dem Streifen Akkordeon spielte. Für einen Musikpreis reichte es zwar nicht, unter den Borussen wurde es aber zum Ohrwurm. Für den Meisterkorso 2011 wurde sogar eine eigene App entwickelt, die den Standort des Busses anzeigte. So waren die Fans jederzeit informiert, wo sich die Mannschaft gerade befindet.

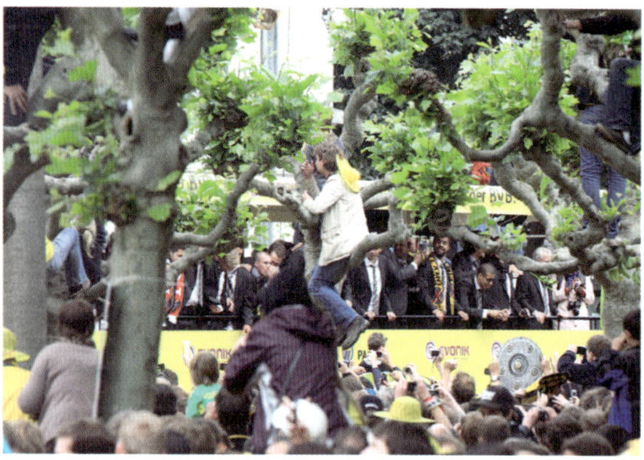

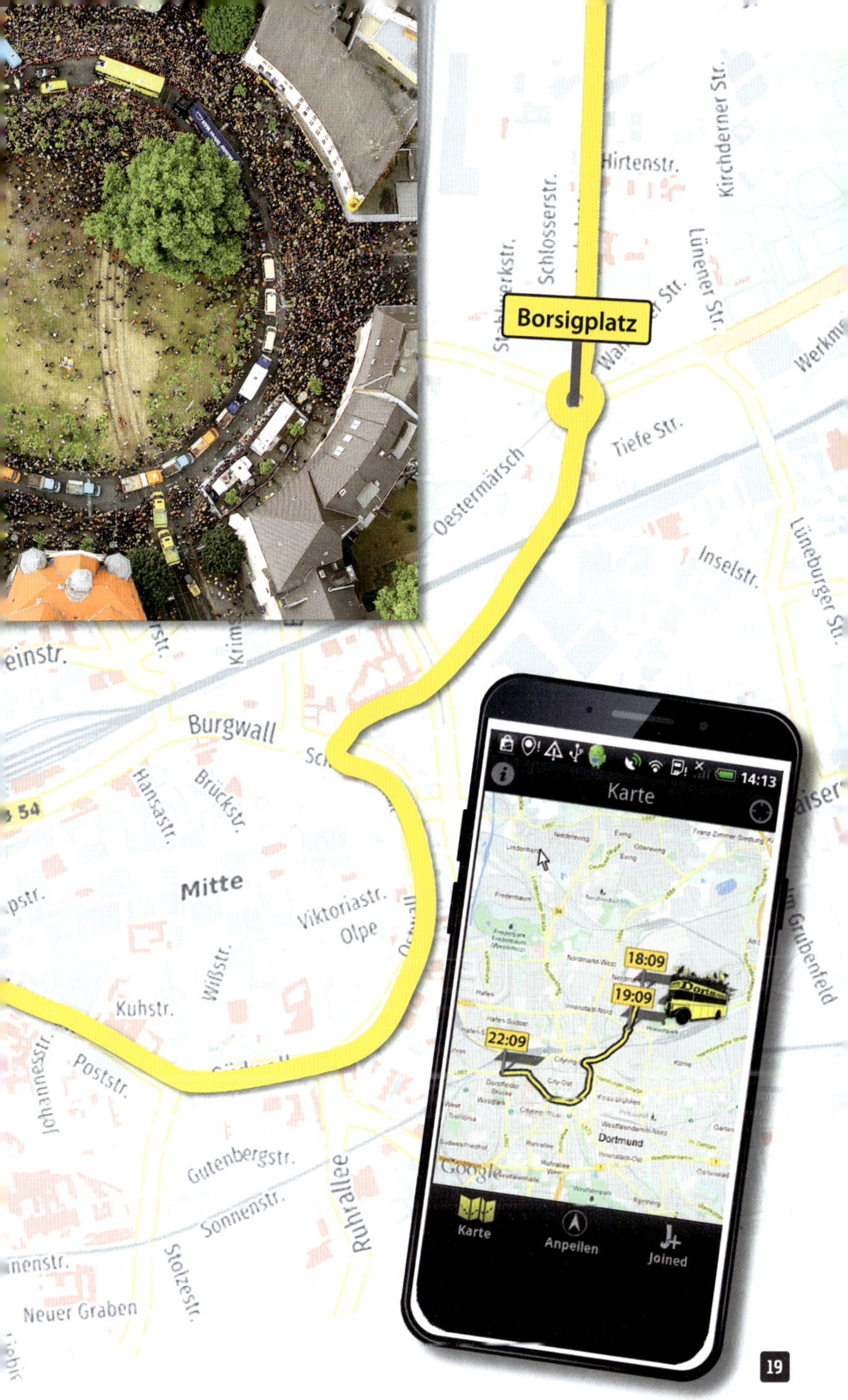
Borsigplatz
Hirtenstr.
Kirchderner Str.
Schlosserstr.
Lünener Str.
Tiefe Str.
Oestermärsch
Inselstr.
Lüneburger Str.
Burgwall
Hansastr.
Brückstr.
Mitte
Viktoriastr.
Olpe
Wißstr.
Kuhstr.
Poststr.
Johannesstr.
Gutenbergstr.
Sonnenstr.
Ruhrallee
Stolzestr.
Neuer Graben
14:13
Karte
18:09
19:09
22:09
Dortmund
Karte
Anpeilen
Joined

AHA!

Die erste Elf

Einer der interessantesten Fakten rund um den BVB und seine Historie ist zugleich auch einer der ältesten – und sie gerät immer mehr in Vergessenheit. Dabei ist sie wirklich einmalig und so bemerkenswert, dass sie in einem Buch über Borussia Dortmund Erwähnung finden muss.

Denn 1956 und 1957 wurde nicht nur jeweils der erste Platz in der Oberliga West belegt, sondern es gelang auch beide Male der Einzug ins Finale um die Deutsche Meisterschaft. Und beide Male ging die Borussia als Sieger vom Platz. Zwar war es zuvor schon einigen Vereinen gelungen, den Titel zu verteidigen, aber in der 1949 neu gegründeten Bundesrepublik Deutschland war der BVB der erste Klub überhaupt, der sich über diesen Coup freuen konnte. Dieser Triumph ist eigentlich schon besonders genug, aber deutlich spektakulärer war die Tatsache, dass in den Endspielen 1956 und 1957 die exakt gleiche Elf auf dem Feld stand. Beim ersten Titelgewinn wurde der Karlsruher SC im Berliner Olympiastadion mit 4:2 bezwungen, ein Jahr später der Hamburger SV im Niedersachsenstadion von Hannover mit 4:1 geschlagen.

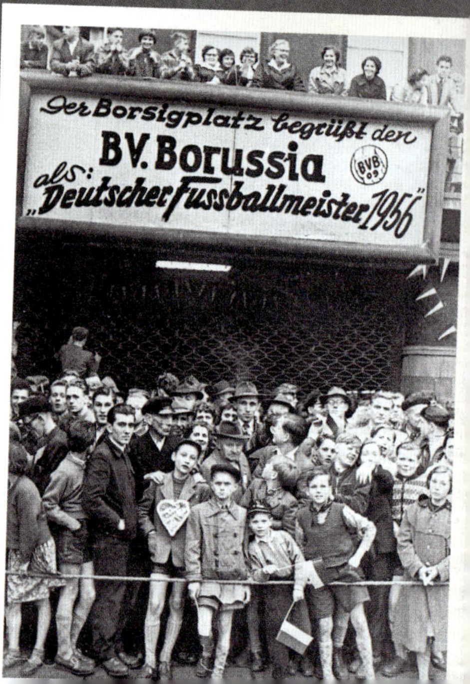

Die legendäre Elf: Heinrich Kwiatkowski, Wilhelm Burgsmüller, Herbert Sandmann, Elwin Schlebrowski, Max Michallek, Helmut Bracht, Wolfgang Peters, Alfred Preißler, Alfred Kelbassa, Alfred Niepieklo, Helmut Kapitulski

Doch damit nicht genug: Was nur die wenigsten wissen ist, dass Dortmund in der kurzen Phase zwischen 1949 und 1963, als die Bundesliga gegründet wurde, die erfolgreichste Mannschaft in der Bundesrepublik Deutschland stellte. In dieser Zeit qualifizierte sich die Borussia fünf Mal für das Endspiel, so oft wie kein anderer Verein. Auch drei Meisterschaften aus dieser Zeit sind Rekord. Außerdem war der BVB sowohl am ersten Finale (1949, 2:3 n.V. gegen den VfR Mannheim im Stuttgarter Neckarstadion) als auch am letzten Endspiel beteiligt. Das gewann man 1963, erneut in Stuttgart, mit 3:1 gegen den 1. FC Köln und errang somit die letzte Meisterschaft vor dem Start der heutigen Bundesliga.

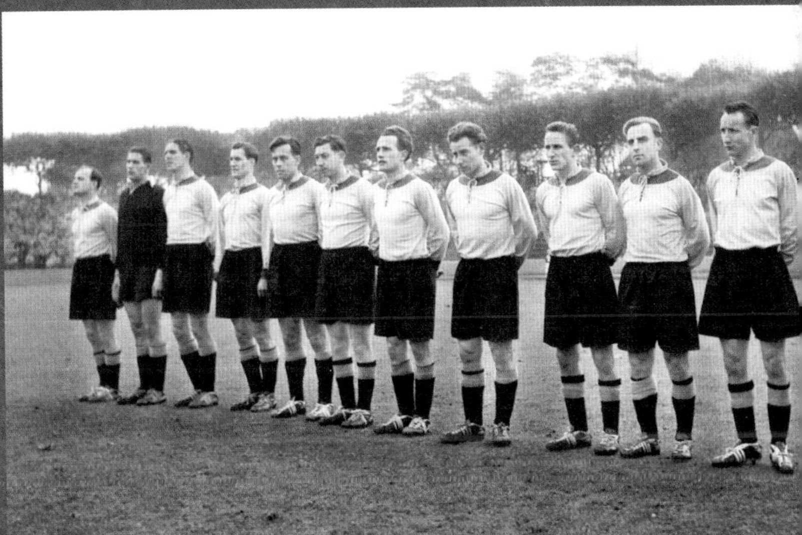

Die Meisterelf von 1956, v. l.: Adi Preißler, Heini Kwiatkowski, Max Michallek, Herbert Sandmann, Alfred Kelbassa, Alfred Niepieklo, Helmut Bracht, Wilhelm Burgsmüller, Helmut Kapitulski, Elwin Schlebrowski und Wolfgang Peters

Zahlen und Fakten

ERFOLGE

Champions-League-Sieger
1997
Weltpokalsieger
1997
Sieger Europapokal der Pokalsieger
1966

Deutscher Meister
1956, 1957, 1963, 1995, 1996, 2002, 2011, 2012
Vize-Meister
1949, 1961, 1966, 1992, 2013, 2014, 2016, 2019, 2020, 2022, 2023

Deutscher Pokalsieger
1965, 1989, 2012, 2017, 2021
Vize-Pokalsieger
1963, 2008, 2014, 2015, 2016

Deutscher Supercupsieger
1989, 1995, 1996, 2013, 2014, 2019

Deutscher Hallenmeister
1990, 1991, 1992, 1999

Westdeutscher Meister
1948, 1949, 1950, 1953, 1956, 1957

Westfälischer Meister
1947

Große Double-Feier im E-Werk Berlin nach dem Pokalsieg 2012. Manager Michael Zorc, Trainer Jürgen Klopp und Geschäftsführer Hans-Joachim Watzke präsentieren Pokal und Meisterschale.

A-Junioren-Meister
1994, 1995, 1996, 1997, 1998, 2016, 2017, 2019, 2022

B-Junioren-Meister
1984, 1993, 1996, 1998, 2014, 2015, 2018

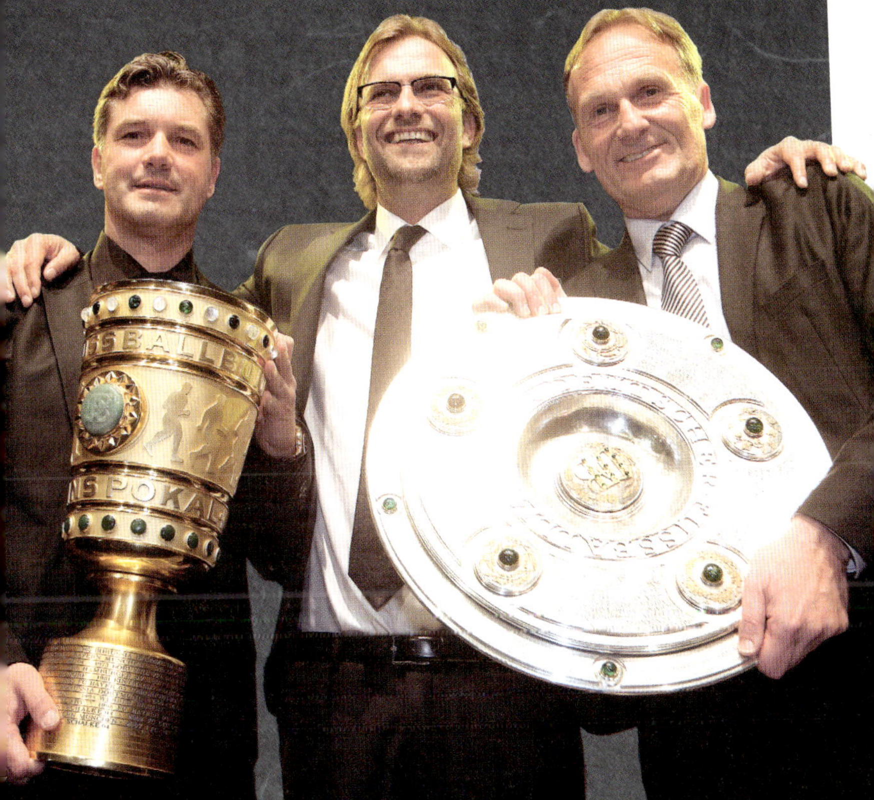

Die drei Alfredos

Für immer verbunden mit den Endspielen und Meisterschaften Ende der 1950er Jahre ist ein Trio, das Fans von Borussia Dortmund sicher nie vergessen werden. Genannt wurde es: „Die drei Alfredos“. Denn wie der Zufall so wollte, hörten die drei schwarzgelben Legenden Preißler, Kelbassa und Niepieklo alle auf den gleichen Vornamen: Alfred.

Sie wirbelten in der Regel die gegnerischen Abwehrreihen wild durcheinander und waren kaum aufzuhalten. Insgesamt erzielten sie 389 Pflichtspieltore für die Borussia. In den beiden Finals 1956 und 1957 trafen sie sieben Mal (bei acht Toren). Das kann sich sehen lassen.

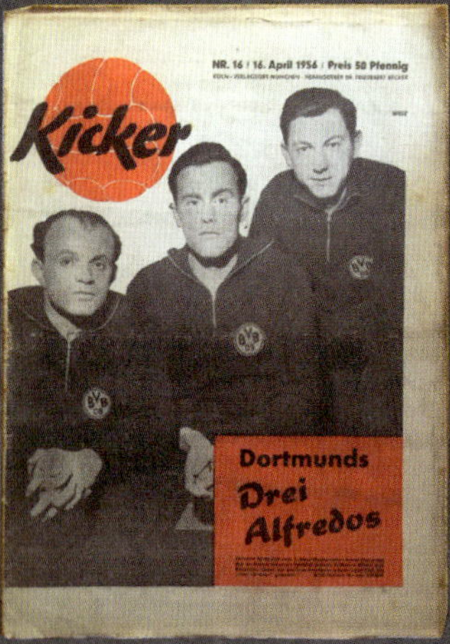

Preißler (l.), Kelbassa (Mitte), Niepieklo (r.) zierten die Titelblätter der Gazetten.

„Und Adi Preißler, Borussia Dortmund für immer Deutscher Meister“, heißt es in einem der bekanntesten Gesänge der BVB-Anhänger. Er ist mit 168 Treffern bis heute der Rekordtorschütze des Vereins. Sein Gesicht prangte kurz nach seinem Tod im Jahr 2003 zu seinen Ehren auf einem großen Banner auf der Südtribüne, in seiner Hand natürlich die Meisterschale. Die nach ihm benannte „Adi-Preißler-Allee“ ist die Zufahrt zum Trainingsgelände der Borussia in Brackel. Im Jahr 2012 wurde auch Kelbassa eine ähnliche Ehre zuteil. Seitdem trägt eine Straße in der Nähe des Trainingszentrums seinen Namen.

Er und Niepieklo waren aber noch viel intensiver verbunden. Kelbassas Sohn heiratete die Tochter seines Sturmkollegen. Daher haben die beiden einen gemeinsamen Enkel.

Aus dem Hintergrund

„Aus dem Hintergrund müsste Rahn schießen. Rahn schießt, Tor, Tor, Tor, Tor!“ Fast jedem, der sich in Deutschland ein wenig intensiver mit Fußball beschäftigt, sind diese Worte des legendären Herbert Zimmermann ein Begriff.

So schilderte der Kultreporter nämlich das „Wunder von Bern“, als die deutsche Nationalmannschaft 1954 im Endspiel die favorisierten Ungarn schlug und so zum ersten Mal Weltmeister wurde.

Premieren waren anscheinend Zimmermanns Sache. Dementsprechend war der Triumph der DFB-Elf in der Schweiz nicht sein einziger Einsatz bei wichtigen Sportereignissen. Trotzdem mag es für den ein oder anderen Leser eine Überraschung sein, dass Herbert Zimmermann auch den ersten deutschen Sieg im Europapokal kommentierte.

Als der BVB 1996 im Pokalsieger-Wettbewerb in Glasgow auf den ruhmreichen FC Liverpool traf, saß nämlich Zimmermann am Mikrofon. Zwar flankte damals nicht Schäfer nach innen, aber die Borussia triumphierte mit 2:1 nach Verlängerung und während die Spieler die Trophäe in den schottischen Abendhimmel reckten und damit Historisches vollbrachten, lauschten die Fans in der Heimat dem Reporter (und Experten für Premieren) am Radio.

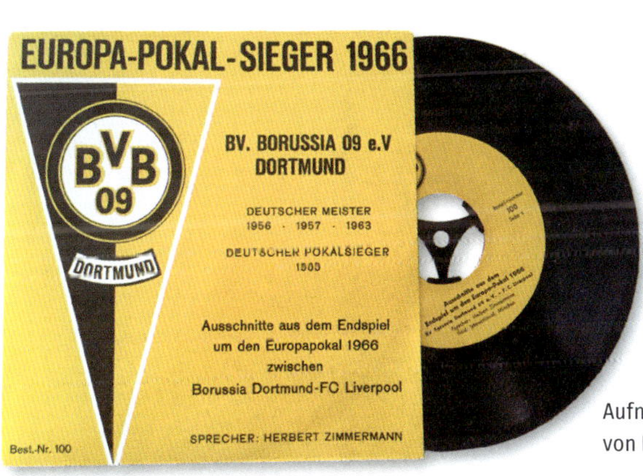

Aufnahme der Reportage von Herbert Zimmermann

AHA!

Brüllender Löwe

Es ist nicht verwunderlich, dass sich ab und an das Logo eines Vereins ein wenig verändert. Nur in seltensten Fällen bleibt es dauerhaft gleich. Die Clubs wollen schließlich im Trend liegen. Schaut man sich alleine die Entwicklung der 18 Teams aus der Bundesliga an, dann kommt man schnell ins Staunen. Oft ist die Veränderung deutlich größer, als man glauben möchte.

Das Wappen der Borussia wurde in den 1920er Jahren entworfen und erstmals eingesetzt. Das ab 1945 genutzte Logo enthielt auch den Schriftzug Dortmund. Die nächste Variante (von 1964 bis 1974) war deutlich dunkler. Ein schwarzer Rahmen kam hinzu, auch Borussia war nur als Text eingebunden. Ab 1973 ähnelte das Wappen schon sehr der heutigen Variante, die seit 1993 in Gebrauch ist.

Zwei Jahre lang war der BVB aber auf Abwegen unterwegs. Denn 1976 stieg die Tabakfirma Samson bei der Borussia als Sponsor ein. Doch damit nicht genug, denn der Geldgeber dachte sich, dass man den Löwen, das eigene Wappentier, doch bestens in das Vereinslogo einarbeiten könnte. Nach zwei Jahren war der Spuk zum Glück aber wieder vorbei. Zumindest in Dortmund ...

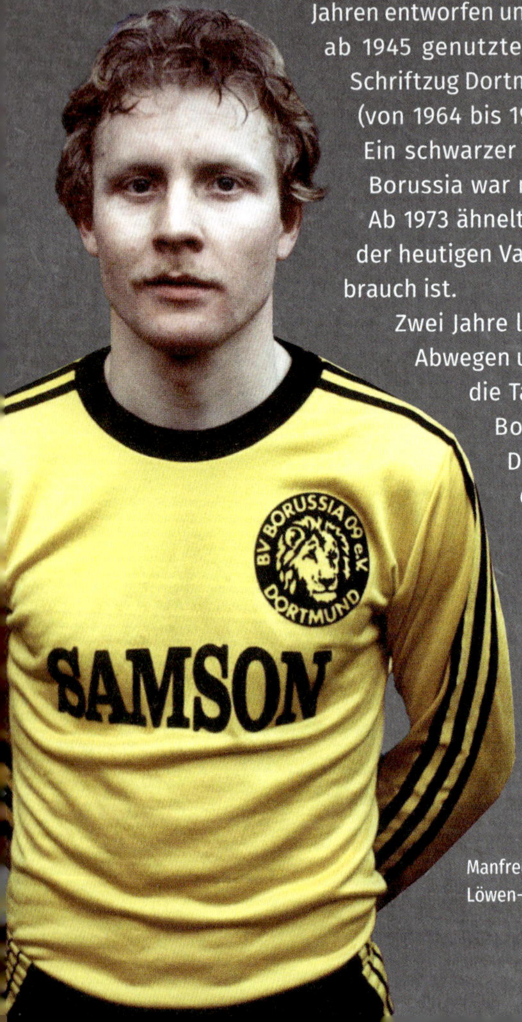

Manfred Burgsmüller mit Löwen-Logo auf dem Trikot

Timo, der Premierenmann

Timo Konietzka ist nicht irgendwer in der Geschichte von Borussia Dortmund. Er ist auch nicht irgendwer in der Geschichte des deutschen Fußballs. Konietzka schoss nämlich 126 Tore für Borussia Dortmund, wurde zwei Mal Meister mit dem BVB und zudem Pokalsieger. Aber nicht nur das, er schoss auch das erste Tor in der Geschichte der Bundesliga.

Er verewigte sich mit seinem Treffer in der ersten Minute des Spiels gegen Werder Bremen am 24. August 1963. Ganze 35 Sekunden waren damals gespielt. Kurios ist, dass von dem Treffer selbst weder TV-Aufnahmen noch Fotos existieren. In der Schweiz wurde er als Trainer vier Mal Meister und dazu noch drei Mal Pokalsieger.

Zu seinem Spitznamen, der 1985 zu seinem offiziellen Namen wurde, kam er durch seinen Mitspieler Helmut Bracht. Wegen seiner für den Wehrdienst stark gekürzten Frisur sah er dem sowjetischen General Semjon Konstantinowitsch Timoschenko ähnlich. Konietzka wurde aber nicht nur Timo genannt, sondern zusammen mit seinem Sturmpartner Jürgen Schütz, mit dem er die Oberliga West dominierte, auch als „Max und Moritz" bezeichnet. Beide verstanden sich auf dem Spielfeld blind und bildeten ein kongeniales Duo. Weniger genial war allerdings seine Tätlichkeit gegen den Schiedsrichter der BVB-Partie am 8. Spieltag der Saison 1966/67. Konietzka wurde des Feldes verwiesen und erhielt eine Sperre von sechs Monaten, die bis dahin längste Sperre für einen Platzverweis in der Bundesliga-Geschichte.

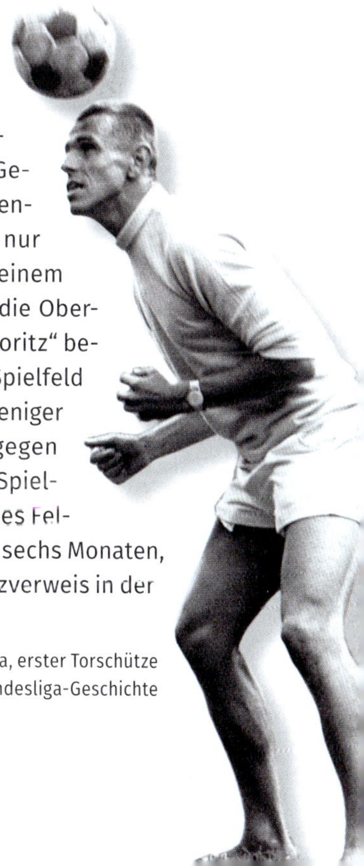

Timo Konietzka, erster Torschütze der Bundesliga-Geschichte

Der Mann mit dem Lasso

„Gib mich die Kirsche!“ So forderte Lothar Emmerich seine Mitspieler unmissverständlich auf, ihm doch bitte den Ball zuzuspielen, damit er mal wieder eines seiner unzähligen Tore erzielen konnte. Direkt war er, der „Emma“, und hatte immer einen lockeren Spruch auf Lager.

In Dortmund geboren, erfüllte er sich den Traum, ein Mal im schwarzgelben Trikot auflaufen zu dürfen, alleine in der Bundesliga 183 Mal. Insgesamt 115 Tore erzielte er dabei und wurde zwei Mal Torschützenkönig. Damit ist er einer von nur fünf Spielern, denen das für den Verein ihrer Geburtsstadt bisher gelungen ist. Uwe Seeler (Hamburg), Lothar Kobluhn (Oberhausen), Jupp Heynckes (Mönchengladbach) und Klaus Allofs (Düsseldorf) komplettieren das Quintett. Bis ins Jahr 2002 dauerte es zudem, bis mit Márcio Amoroso mal wieder ein BVB-Akteur die Torjägerkanone gewinnen konnte.

Für Deutschland lief „Emma“ nur fünf Mal auf, wurde 1966 aber immerhin Vize-Weltmeister. Bekannt war er nicht nur für sein lockeres Mundwerk. Er konnte sich besonders ausgelassen über seine Tore freuen und verzückte die Fans häufig, in dem er in Cowboy-Manier ein imaginäres Lasso schwang.

Emmerich zog es 1969 nach Belgien, wo er drei Jahre für AC Beerschot Antwerpen seine Tore schoss. Ein Gerücht besagt, dass er vor einem Derby 1970 gegen Royal Antwerpen entführt wurde. Wohin und von wem ist allerdings bis heute ungeklärt. Emmerich, der 24 Stunden nach der Partie wieder auf freiem Fuß war, sagte nur: „Die wollten nicht, dass ich spiele. Bis zu meiner Freilassung wurde ein Großteil meiner Wünsche erfüllt.“ Definitiv der Wahrheit entspricht aber, dass Emmerich bei drei von vier Duellen gegen Royal auf dem Platz stand und bei der anderen Partie verletzt war. In der Saison 1969/70 spielte Royal Antwerpen in der zweiten Liga, weshalb kein Derby gespielt wurde.

Einfach nur „Aki"

Sucht man im Internet nach Alfred Schmidt, dann landet man zunächst bei einem Philosophen. Sucht man aber nach Aki Schmidt, dann wird man fündig. Und zwar bei einem der größten Gesichter der BVB-Historie. Alfred war einfach nur „Aki", für jeden, der sich mit Borussia Dortmund und dem Fußball beschäftigte und das noch immer tut. Das hatte auch einen Grund, denn Aki war volksnah. Seine spätere Rolle als Fanbeauftragter und Stadionführer war da nur die logische Konsequenz. Ein überaus guter Fußballer war er zudem auch noch.

Als er 1956 von der SpVg Berghofen zur Borussia wechselt, wird er schnell zu einem der wichtigsten Akteure der Schwarzgelben und direkt im ersten Jahr auch Deutscher Meister. Im Endspiel kommt er allerdings nicht zum Einsatz, und noch verrückter mutet es an, dass der Titelgewinn ein Jahr später zu einer seiner größten Enttäuschungen wird. Damals ist Schmidt Stammspieler und gleichzeitig auch aktueller Nationalspieler.

Doch das Finale findet wieder ohne ihn statt. Trainer Helmut Schmidt will die exakt gleiche Elf wie im Vorjahr auflaufen lassen. Trotzdem geht er in die Geschichte des Vereins ein. Er führt den BVB zum Beispiel als Kapitän auf das Feld, als 1963 die Bundesliga gegründet wird. Außerdem ist er der erste Borusse, der bei der Nationalmannschaft als Spielführer aufläuft. Der torgefährliche Mittelfeldspieler, der es in 276 Einsätzen auf 76 Treffer brachte, verstarb am 11. November 2016.

Zuvor kümmerte er sich von 1997 bis 2007 um die schwarzgelben Anhänger und bis November 2013 war er Kassenprüfer des Vereins, dem er bis zu seinem Tod eng verbunden war. Als Trainer war er insgesamt vier Mal für den SSV Jahn Regensburg tätig, zuletzt in den 1990er Jahren.

Hey Manni!

Am 18. Mai 2019 ist der Schock groß, als der Tod von Manfred Burgsmüller bekannt wird. Eine der größten Vereinslegenden ist nur 69 Jahre alt geworden. Satte 135 Tore erzielt er für die Borussia in der Bundesliga, bis heute Rekord. Dabei verwandelt er für den BVB nur einen einzigen Elfmeter und wird nie Torschützenkönig, obwohl er in der Bundesliga insgesamt 213 Mal ins Schwarze trifft. Der erste Titel ist ihm erst spät vergönnt. Trainerlegende Otto Rehhagel lotst ihn im Spätherbst seiner Karriere nach Bremen und mit 38 Jahren wird er Deutscher Meister.

Zum Start der Saison 2022/23 liegt er auf dem fünften Platz der ewigen Torjägerliste, bleibt er im Nationalteam fast komplett außen vor, hauptsächlich aus Altersgründen. Doch das hält ihn zukünftig nicht davon ab weiter für sportliche Furore zu sorgen. Nach dem Ende seiner Laufbahn als Fußballer schult er zum Kicker im American Football um. In der World League of American Football, später umbenannt in NFL Europe, heuert er bei Rhein Fire an.

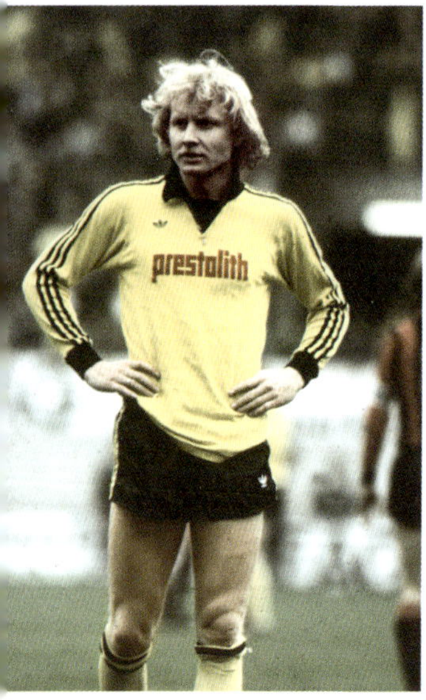

Manfred „Manni“ Burgsmüller

Mit den Düsseldorfern gewinnt er als Kicker zwei Mal den World Bowl. Burgsmüller avanciert mit 52 Jahren zum ältesten aktiven Football-Profi der Welt. Von 1996 bis 2002 läuft er mit Helm auf und erzielt mehr als 300 Punkte. Als Trainer tritt er nur um Rahmen der TV-Dokumentation „Helden der Kreisklasse“ auf, als er beim Dortmunder Amateurverein SSV Hacheney an der Seitenlinie steht.

„Susi", lass Dein Haar herunter

Michael Zorc steht für Borussia Dortmund wie kein Zweiter. Seit dem Ende seiner Laufbahn 1998 war er als Sportdirektor tätig, ehe er sich im Mai 2022 in den wohlverdienten Ruhestand verabschiedete. Zuvor absolviert er insgesamt 463 Spiele in der Bundesliga für die Schwarzgelben und ist, auch als Funktionär, mit etlichen Titeln dekoriert. Für einen Mittelfeldakteur ist er zudem sehr torgefährlich gewesen. Ganze 131 Treffer erzielte er im Fußball-Oberhaus.

Vereinsrekord! Bestimmt, oder? Nein, denn „Susi", der aufgrund seiner einst wehenden Haarpracht seinen Spitznamen von seinem Kollegen Rolf Rüssmann verpasst bekam, liegt in der BVB-Rangliste damit auf dem zweiten Platz hinter Manfred Burgsmüller (siehe links). Und dass Zorc nur für Borussia Dortmund seine Schuhe geschnürt hätte, entspricht auch nicht der Wahrheit.

In der Jugend kickt er für den Stadtteilverein TuS Eving-Lindenhorst. Als Profi unter Branko Zebec absolviert er 1982 sogar das Abitur und beginnt später ein Studium der Wirtschaftswissenschaften. Das bricht er allerdings nach vier Semestern ab. Zuvor leistet er in der Sportfördergruppe der Bundeswehr in Essen-Kupferdreh seinen Wehrdienst ab.

Was hingegen fast niemand weiß ist, dass Zorcs Vater Dieter Amateurnationalspieler war und sogar für den VfL Bochum in der Bundesliga auflief. Dem ungleich erfolgreicheren Sohnemann könnte eines Tages vielleicht sogar ein Denkmal in Form einer Statur vor dem Stadion gesetzt werden. Dann aber doch bitte stilecht, mit langen Haaren und wehenden Locken.

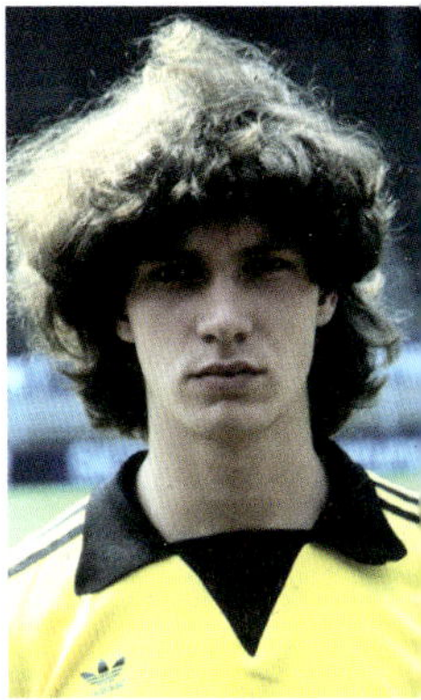

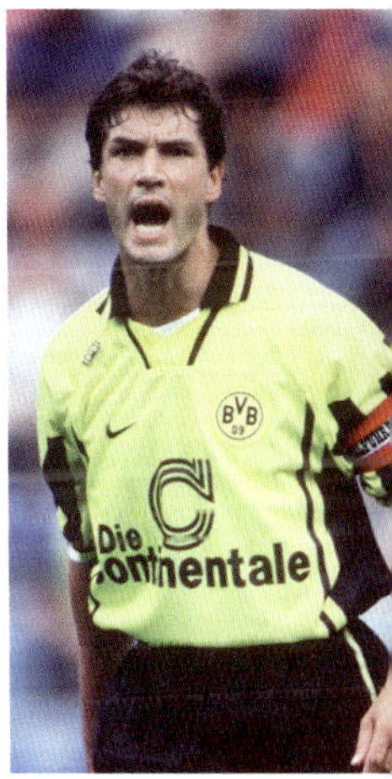

Michael „Susi" Zorc

Ab in die Pannenshow

Den 9. August 1986 wird Frank Mill wohl nie vergessen – und mit ihm sehr viele Fußballfans, nicht nur die von Borussia Dortmund. Denn an diesem herrlichen Sommertag verewigt sich der Stürmer in den Archiven sämtlicher TV-Sender. Die halten sich damals zwar noch in Grenzen, sein Fehlschuss gehört aber bis heute zu den legendärsten der Bundesliga-Geschichte. Kein Wunder, dass er sich noch Jahre später regelmäßig dazu äußern muss.

Dabei gehört Mill zu einem der treffsichersten Angreifer, die in Deutschland zu dieser Zeit zu finden sind. Als er 1986 von Borussia Mönchengladbach nach Dortmund wechselt, hat der gebürtige Essener für die Elf vom Bökelberg bereits 71 Tore in der ersten Liga erzielt. Im Trikot von Rot-Weiss Essen wird er 1980/81 mit sagenhaften 40 Treffern Torschützenkönig der zweiten Liga. Er hat also definitiv den passenden Riecher.

Die Vorfreude auf sein Debüt für den BVB war rund um die Schwarzgelben entsprechend groß und die Partie beim FC Bayern München der scheinbar perfekte Auftakt, um sich direkt ins Rampenlicht zu spielen. Allerdings ging der Rekordmeister umgehend in Führung, was Mill jedoch in die Karten spielt. Die Borussia muss offensiver werden, es ergeben sich Chancen. Dann ereignet sich die Szene, die den Torjäger ein Leben lang verfolgt.

Den Bayern misslingt in Höhe der Mittellinie eine Abseitsfalle und Mill hat plötzlich freie Bahn. Keeper Jean-Marie Pfaff lässt er mit einer geschickten Körpertäuschung ins Leere laufen, die Fans sind aus dem Häuschen. Doch dann schweifen die Gedanken des Stürmers ab, wie er später offen zugibt. Er wollte es machen wie der Kölner Pierre Littbarski, der nie die einfachen Tore schoss, sondern für die spektakulären Dinger bekannt war.

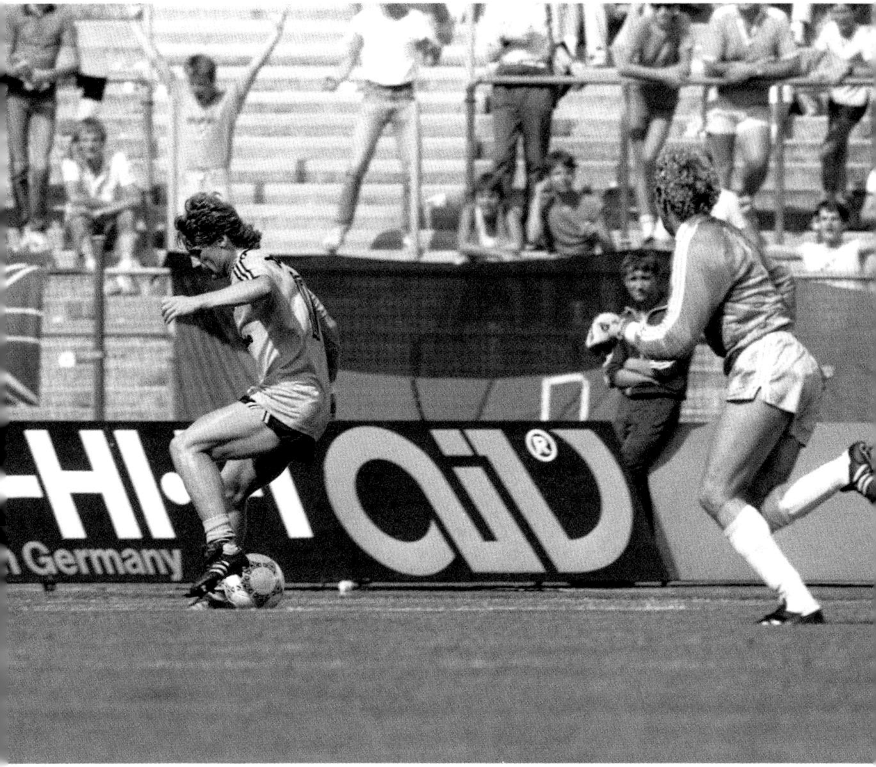

Gedankenverloren: Frank Mill kurz vor dem Fehlschuss

Der Plan ist simpel: ausholen, den Ball zwischen die Füße klemmen und nach einem Übersteiger kurz noch elegant einschieben. Doch Mill trifft nur den Pfosten und wird so zum Gespött der Leute. Gut ein halbes Jahr später reist er durch die USA, als er im Fernsehen eine Pannenshow mit lustigen Videos sieht. Mit einem bemitleidenswerten Fußballer aus Deutschland, der aus drei Metern den Ball an den Pfosten schiebt. Daneben jubelt Jean-Marie Pfaff. Es ist eine Szene, die um die Welt geht.

Die Bananenrepublik

Nein, keine Sorge, mit Korruption und Bestechlichkeit hat dieses Kapitel herzlich wenig zu tun. Es befasst sich vielmehr mit einem der schönsten Momente in der Geschichte von Borussia Dortmund. Das Pokalfinale von 1989 wird allen BVB-Fans für immer in Erinnerung bleiben, aus zahlreichen Gründen. Hier entsteht die Legende von Norbert Dickel, der seine Karriere für den Pokalsieg opfert. Hier gewinnen die Schwarzgelben auf den Tag genau 33 Jahre nach dem Gewinn der ersten Deutschen Meisterschaft am 24. Juni 1956 gegen den Karlsruher SC an gleicher Stelle, wie damals im Berliner Olympiastadion, wieder einen großen Titel. Hier wird der Weg geebnet für den Umschwung bei Borussia Dortmund nach einer langen Zeit in der sportlichen Bedeutungslosigkeit. Gegen den haushohen Favoriten Werder Bremen dreht der BVB einen Rückstand. Kalle Riedle, der später selbst zum schwarzgelben Helden avancieren sollte, trifft schon in der 15. Minute. Doch an diesem Abend ist die Borussia vor 80.000 Zuschauern im Berliner Glutofen nicht zu stoppen. Ein Doppelpack von Dickel sowie Tore von Frank Mill und Michael Lusch versetzen die Fans in Ekstase. Besonders im Gedächtnis bleiben die Bilder der riesigen Plastikbananen. Die Firma Chiquita verteilt 1.000 Stück davon vor der Partie an die BVB-Anhänger. Über Jahre sind sie im Anschluss ein fester Begleiter in den Stadien, wo immer die Borussia aufläuft. Das Olympiastadion machen sie an diesem Tag zu einer Bananenrepublik der ganz speziellen Art. Und auch die Ringelsocken, wie sie die Helden von 1956 trugen, werden wieder zum Markenzeichen.

Was übrigens nur die allerwenigsten wissen: Im Achtelfinale wird Erzrivale Schalke 04 mit 3:2 im Gelsenkirchener Parkstadion bezwungen. Das versüßt den finalen Erfolg im DFB-Pokal noch ein klein wenig mehr.

Borussia Dortmund. Eine Zeitreise

1945

Nach dem Kriegsende verlieren viele Vereine ihre Spieler und Verantwortlichen, so auch der BVB. Als Club aus der britischen Besatzungszone muss zunächst die Wiederzulassung erwirkt werden. Diese wird im Juli 1945 erteilt und Willi Bietzek durch die Militärregierung als Vorsitzender eingesetzt. Ab August rollt im Hoeschpark dann endlich wieder der Ball.

1947 bis 1950

Vier Mal in Serie landet Dortmund am Ende der Saison auf dem ersten Platz der Tabelle. Zunächst in der Landesliga West, dann in der im Sommer 1947 neu gegründeten Oberliga West. Im Mai des gleichen Jahres schlägt man den Erzrivalen Schalke 04 im Herner Stadion am Schloss Strünkede mit 3:2, gewinnt so die Westfalenmeisterschaft und sorgt für die „Wende im Westen“. Die Schalker Dominanz endet, der BVB ist fortan die Nummer eins im Pott.

1961

Nach den Meisterschaften 1956 und 1957 gelingt dem BVB auch 1961 der Einzug ins Endspiel um den nationalen Titel. In Hannover ist eine junge Dortmunder Truppe dem 1. FC Nürnberg aber deutlich mit 0:3 unterlegen. Die Finalteilnahme glückte übrigens auch schon 1949. Doch die „Stuttgarter Hitzeschlacht“ gegen den VfR Mannheim ging mit 2:3 nach Verlängerung verloren, trotz zweimaliger Führung.

1963

Das erste Double der Vereinsgeschichte liegt nicht allzu lange zurück. Der furiose 5:2-Erfolg im Finale gegen Bayern München war 2012 für den BVB historisch und sicherte dem Club neben der Meisterschale auch den DFB-Pokal. Doch schon 1963 wäre das möglich gewesen. Aber im Niedersachsenstadion von Hannover erwischt der Hamburger SV einen Sahnetag und gewinnt durch drei Treffer des legendären Uwe Seeler leicht und locker mit 3:0.

1972 Nach den glorreichen 1960ern macht der BVB zum ersten und bislang einzigen Mal in der Geschichte des Clubs die bittere Erfahrung des Abstiegs. Lothar Emmerich hatte den Verein 1969 verlassen, der langjährige Kapitän Wolfgang Paul beendete seine Laufbahn und auch weitere Leistungsträger verließen in der Folgezeit den Verein. Resultat ist der 17. Platz bei nur 20 Punkten und der schmerzhafte Gang in die Regionalliga West, damals die zweithöchste Spielklasse.

1976 Nach vier Jahren ist die Leidenszeit endlich vorbei. In der zwischenzeitlich neu gegründeten zweiten Liga belegt der BVB in der Nordgruppe den zweiten Platz und muss so Entscheidungsspiele bestreiten, um wieder in die erste Liga aufzusteigen. Der Gegner aus dem Süden ist der 1. FC Nürnberg. Das Hinspiel bei den Franken wird mit 1:0 gewonnen, durch den 3:2-Erfolg im Rückspiel können 54.000 Zuschauer im ausverkauften Westfalenstadion über den Sprung ins Oberhaus jubeln.

1983 Nie zuvor saßen so viele Trainer in einem Kalenderjahr auf der Bank bei Borussia Dortmund, fünf unterschiedliche und sechs Stück insgesamt. Bis zum 5. April trägt Karlheinz Feldkamp die Verantwortung, aber er muss Helmut Witte Platz machen, der als Interimslösung bis zum Saisonende übernimmt. Es folgt mit dem Start in die neue Spielzeit Uli Maslo, aber schon am 23. Oktober ist für ihn Schluss. Witte springt erneut kurzfristig ein, bis schließlich Hans-Dieter Tippenhauer am 31. Oktober präsentiert wird. Doch bereits am 15. November entbinden ihn die Verantwortlichen von seinen Aufgaben und Horst Franz wird am Tag darauf installiert. Er bleibt, man mag es kaum glauben, dann tatsächlich bis zum Sommer 1984.

Das Amtsgericht Dortmund muss aufgrund der Verschuldung des Vereins mit 8,3 Millionen Euro einen Notvorstand benennen. Dadurch übernimmt Reinhard Rauball zum zweiten Mal des Amt des Präsidenten. Ihm zur Seite steht als Vize Gerd Niebaum, der zwei Jahre später auf den obersten Posten des Vereins rückt und ihm bis November 2004 in dieser Funktion vorsteht. **1984**

Nachdem in der Relegation gegen Fortuna Köln noch so gerade die Klasse gehalten wird, gelingt es der Borussia mit Frank Mill, Norbert Dickel und Thomas Helmer gleich drei Akteure zu verpflichten, die in den kommenden Jahren die sportlichen Stützen der Mannschaft bilden. Mit dem Trio an der Spitze schafft man es, sich als Vierter erstmals seit Jahren wieder für den UEFA-Cup zu qualifizieren. **1986**

Nach der Vize-Meisterschaft in der Vorsaison schrammt der BVB mal wieder knapp an einem großen Titel vorbei. Das furiose Auftreten im UEFA-Cup und die dabei erzielten Erfolge unter anderem gegen Celtic Glasgow, Real Saragossa, den AS Rom und AJ Auxerre werden allerdings nur mit dem Einzug ins Endspiel belohnt, wo Juventus Turin mit 3:1 (in Dortmund) und 3:0 (in Italien) deutlich die Überhand behält. **1993**

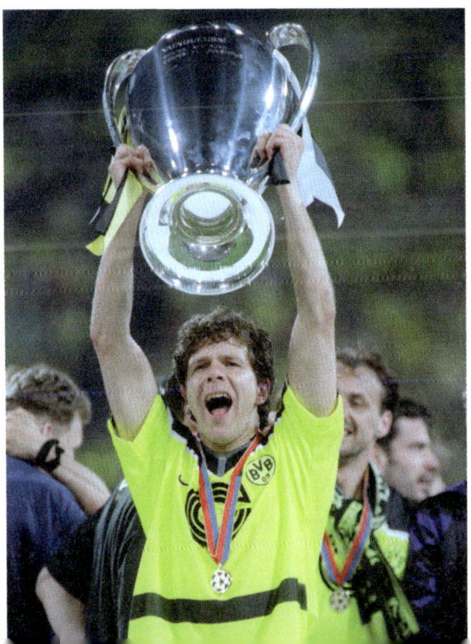

1997: Andreas Möller mit dem Champions-League-Pokal

1999 Die Mitglieder stimmen auf einer Versammlung für eine Umwandlung des Vereins in eine Kommanditgesellschaft auf Aktien (KGaA) und bilden damit die Grundlage für den geplanten Börsengang. Präsident Gerd Niebaum will mit dem BVB dem großen Vorbild Manchester United nacheifern. Wie sich später herausstellen sollte, spielte Größenwahn dabei eine ganz gewichtige Rolle.

2000 Borussia Dortmund verschleißt mal wieder jede Menge Trainer, gleich drei in einer Saison. Trotz sechs Siegen aus den ersten acht Spielen und der Tabellenführung findet man sich plötzlich im Abstiegskampf wieder und Bernd Krauss ersetzt Michael Skibbe als Coach. Doch der Erfolg bleibt aus und Udo Lattek verkörpert im Endspurt zusammen mit Assistent Matthias Sammer das verantwortliche Duo auf der Reservebank. So wird es doch noch der elfte Rang nach einer monatelangen emotionalen Achterbahnfahrt.

2003 Ein Jahr nach der Meisterschaft und dem Erreichen des Endspiels im UEFA-Cup, das gegen Feyenoord Rotterdam verloren geht, ist der Verein für die eigenen Ansprüche auf dem Boden der Tatsachen angekommen. In der Qualifikation zur Champions League kommt gegen den FC Brügge das unerwartete Aus, dem BVB gehen zuvor fest eingeplante Gelder verloren. Davon erholt sich die Borussia zunächst nicht, sowohl sportlich als auch finanziell.

2005 Borussia Dortmund ist finanziell am Ende, die Insolvenz droht. Präsident Gerd Niebaum und Manager Michael Meier haben sich verspekuliert und den Verein fast in den Ruin getrieben. Der Schuldenberg beläuft sich auf immense 98 Millionen Euro. Obwohl der Verein durch den Gang an die Börse Unmengen eingenommen hatte, ist das Geld schon wieder futsch. Am 15. März kommt es in Düsseldorf zu einem Showdown. Durch die Zustimmung zum Rettungsplan durch die Anleger „Molsiris-Stadionfonds“ nach mehrstündiger Verhandlung ist die Insolvenz des Vereins abgewendet.

2008

Die beste Entscheidung der letzten Jahre trifft der BVB als Jürgen Klopp zum neuen Cheftrainer gemacht wird. Er verlässt nach sieben Spielzeiten den FSV Mainz 05 und heuert in Dortmund an. Es wird eine fast unvergleichliche Erfolgsgeschichte. Neben zwei Meisterschaften, einem Pokalsieg sowie dem ersten Double springt auch eine Finalteilnahme in der Champions League heraus. Aber nicht nur das, „Kloppo“ wird zum Gesicht einer neuen Ära, die es schließlich möglich macht den Verein komplett zu entschulden.

2012

Der sportliche Erfolg lässt nicht nur die Kasse klingeln, sondern auch die Zuschauerzahlen in die Höhe schnellen. In der Double-Saison 2011/12 wollen alle Borussia Dortmund sehen und das sorgt dafür, dass zum ersten Mal überhaupt in der Geschichte des europäischen Fußballs ein Verein einen Schnitt von über 80.000 Besuchern bei Heimspielen in der Liga erreicht. Am Ende strömen durchschnittlich 80.552 Fans pro Spiel in den Tempel.

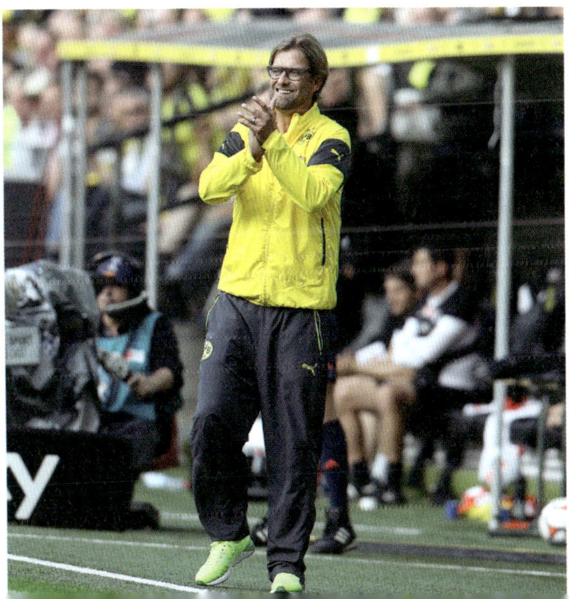

Erfolgscoach Jürgen Klopp

2015 Nach sieben Jahren ist Schluss für Jürgen Klopp in Dortmund, dem es aber gelingt das Team nach einer turbulenten Saison, in der man zwischenzeitlich auf dem letzten Platz der Tabelle steht, noch auf Rang sieben ins Ziel zu bringen. Ihm folgt mit Thomas Tuchel erneut ein Ex-Mainzer. Der ist sportlich unumstritten, aber es passt im zwischenmenschlichen Bereich zwischen ihm und der Führungsetage überhaupt nicht. Obwohl er mit einem Vertrag über drei Jahre ausgestattet ist, trennen sich die Wege vorzeitig im Sommer 2017. Tuchel tritt aber immerhin mit einem Titel ab und holt mit der Mannschaft den DFB-Pokal.

2017 Der 11. April 2017 wird zum schwärzesten Tag der Vereinshistorie. Für den Abend ist das Hinspiel im Viertelfinale der Champions League gegen den AS Monaco terminiert, doch dazu kommt es nicht. Als der BVB-Mannschaftsbus sich auf den Weg zum Stadion macht, explodieren plötzlich drei Sprengsätze. Ein Polizist und BVB-Abwehrspieler Marc Bartra werden dabei verletzt. Der Täter wird schnell gefasst und als voll schuldfähig am 27. November 2018 wegen versuchten 28-fachen Mordes zu 14 Jahren Haft verurteilt. In den Köpfen vieler Spieler ist dieser Moment aber nach wie vor präsent.

2019 Nach einer mäßigen Saison 2017/18, in der es zunächst Peter Bosz und dann Peter Stöger nie wirklich gelingt, Ruhe in das Umfeld zu bringen, übernimmt Lucien Favre das Traineramt. Der eher zurückhaltende Schweizer spielt mit einem jungen Team teilweise spektakulären Fußball. Mit zwei Punkten Rückstand auf Bayern München wird der BVB Vizemeister und verstärkt sich im Sommer unter anderem mit Rückkehrer Mats Hummels. Er soll das fehlende Puzzleteil auf dem Weg zur neunten Meisterschaft sein.

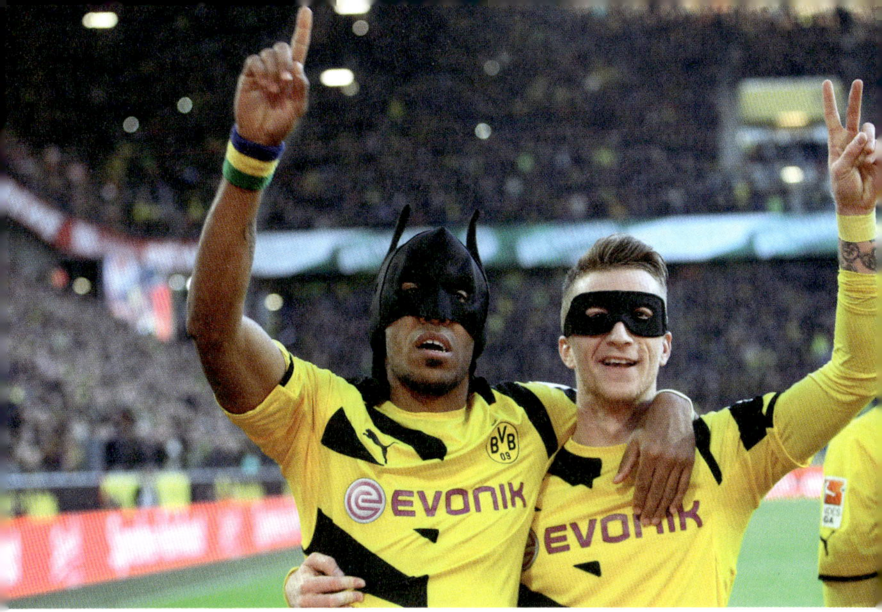

Batman und Robin bzw. Aubameyang und Reus

Während die Jahre zuvor durch die Pandemie geprägt sind **2021–2023** und man den Pokalsieg 2021 daher nicht mit einem Korso durch Dortmund feiern kann, wartet Ende Mai 2023 die ganze Stadt auf das letzte Saisonspiel. Ein Sieg gegen Mainz und die größte Party aller Zeiten kann steigen. Doch es kommt ganz anders, durch das Unentschieden verpasst der BVB den Titel denkbar knapp.

In der Bundesliga läuft es die ganze Saison über nur mäßig, **2024** dafür ist man international kaum zu stoppen. Nach spektakulären Erfolgen gegen Atlético Madrid und Paris-Saint Germain erreicht die Borussia das Endspiel der Champions League, unterliegt dort aber Real Madrid. Trainer Edin Terzić, der im Sommer 2022 als Cheftrainer übernommen hatte, verlässt den Verein auf eigenen Wunsch.

Für immer Westfalenstadion

Finanziell und sportlich sah es zu Beginn der 1970er für Borussia Dortmund überhaupt nicht gut aus. Zwei Jahre nach dem Abstieg war der Zuschauerschnitt auf unfassbare 8.900 Besucher pro Partie gesunken. Doch dann kam das Westfalenstadion. Gebaut wurde es für die Weltmeisterschaft 1974 und es rettete den Verein aus dem grauen Mittelmaß. Dabei war Dortmund gar nicht als Spielort für das Turnier vorgesehen. Die Stadt Köln entschied sich damals aber gegen einen Stadionneubau und das machte den Weg für eine Bewerbung frei. Dortmund erhielt nicht nur den Zuschlag, sondern es wurden auch Bundes- und Landesmittel bereitgestellt, ohne die eine Finanzierung nicht möglich gewesen wäre.

Die offizielle Eröffnung fand am 2. April 1974 im Rahmen eines Benefizspiels statt. Erzrivale Schalke trat zu Gunsten des finanziell

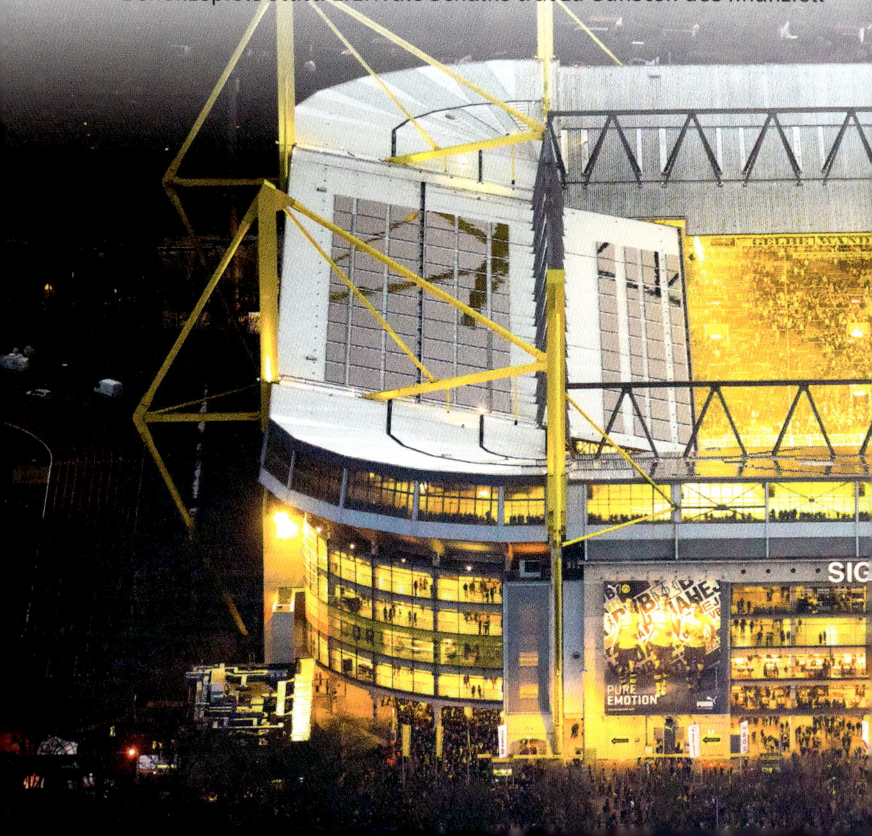

arg gebeutelten BVB sogar ohne Gage an, ließ es sich aber nicht nehmen die Partie zu gewinnen (3:0). Die Blauen schossen also das erste Tor im Tempel? So schlimm kam es dann doch nicht. Denn das Vorspiel bestritten die Damenmannschaften des Dortmunder TBV Mengede 08 und des VfB Waltrop (1:2). In dieser Partie war es Margarethe Schäferhoff vorbehalten um 18.18 Uhr das erste Tor in der Geschichte des Westfalenstadions zu erzielen.

In der Folgesaison lag der Zuschauerschnitt übrigens wieder bei 25.400, in der zweite Liga. Mit besten Grüßen nach Köln. Am 2. April 2024 feiert das Stadion seinen 50. Geburtstag, beim Heimspiel gegen den VfB Stuttgart laufen die Borussen in einem extra dafür angefertigten Sondertrikot auf.

Übrigens: Der erste Gastgeber in einem Bundesliga-Spiel im Westfalenstadion war nicht der BVB, sondern der VfL Bochum. Das Ruhrstadion wurde seinerzeit umgebaut, zu Gast war am 2. April 1976 mal wieder der FC Schalke 04.

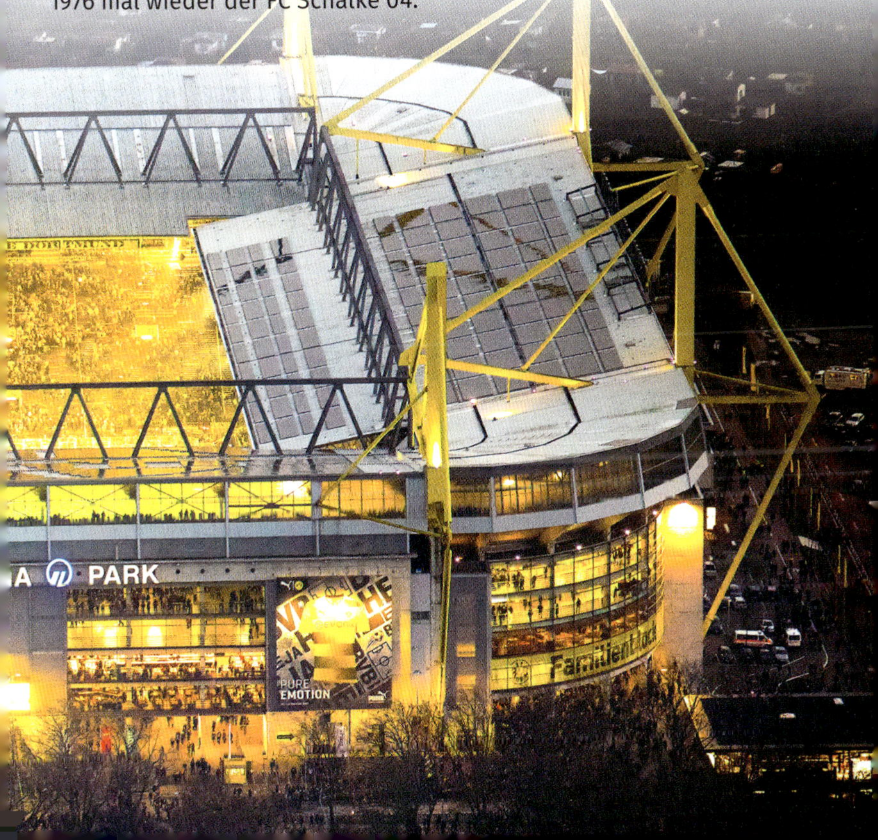

Bilder für die Ewigkeit

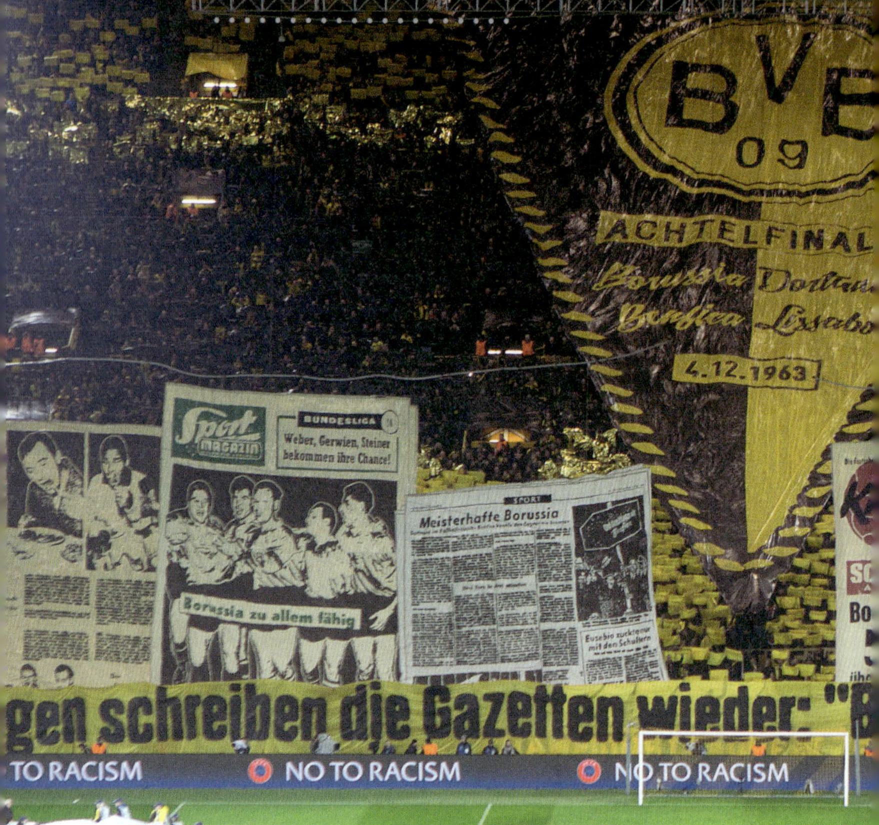

Sie sind spektakulär, einzigartig, kreativ, manchmal auch provokant. Die Choreografien, die von den Fans organisiert, finanziert und zusammengestellt werden, gehören stets zu den absoluten Höhepunkten bei den Spielen des BVB. Oft bleibt die ganze Fußballwelt mit einem Staunen zurück. Hinter den Choreografien steckt jede Menge Arbeit, häufig wird wochenlang gebastelt, gemalt und geklebt. Günstig ist das Ganze nicht, man könnte sich stattdessen auch einen Kleinwagen kaufen.

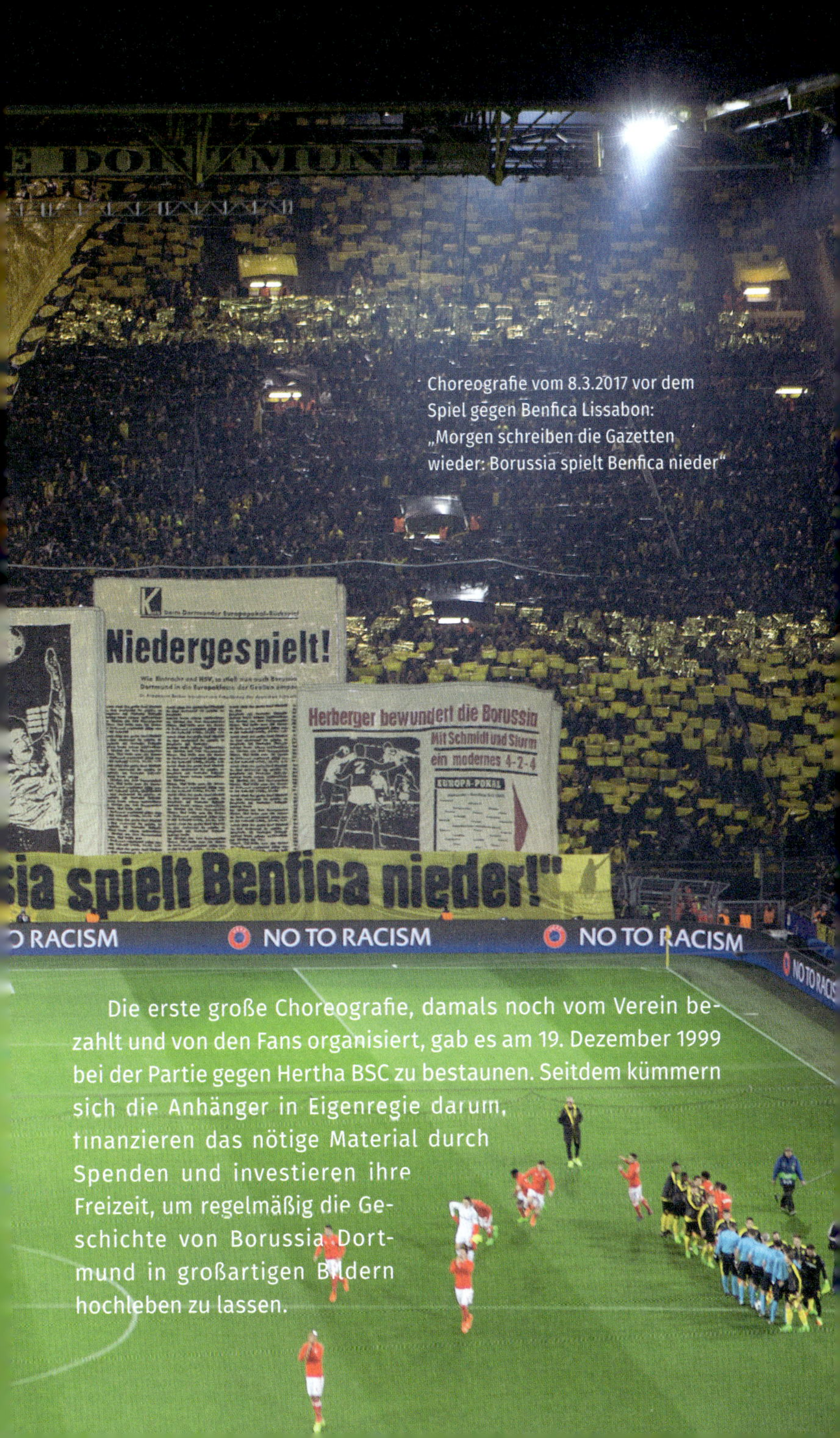

Choreografie vom 8.3.2017 vor dem Spiel gegen Benfica Lissabon: „Morgen schreiben die Gazetten wieder: Borussia spielt Benfica nieder"

Die erste große Choreografie, damals noch vom Verein bezahlt und von den Fans organisiert, gab es am 19. Dezember 1999 bei der Partie gegen Hertha BSC zu bestaunen. Seitdem kümmern sich die Anhänger in Eigenregie darum, finanzieren das nötige Material durch Spenden und investieren ihre Freizeit, um regelmäßig die Geschichte von Borussia Dortmund in großartigen Bildern hochleben zu lassen.

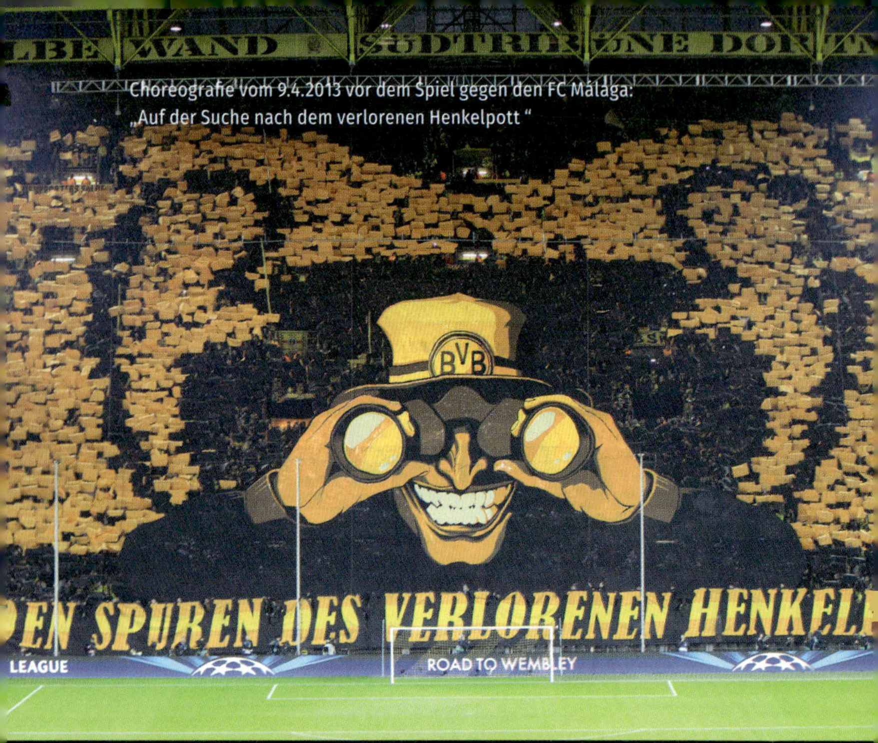

Choreografie vom 9.4.2013 vor dem Spiel gegen den FC Málaga:
„Auf der Suche nach dem verlorenen Henkelpott "

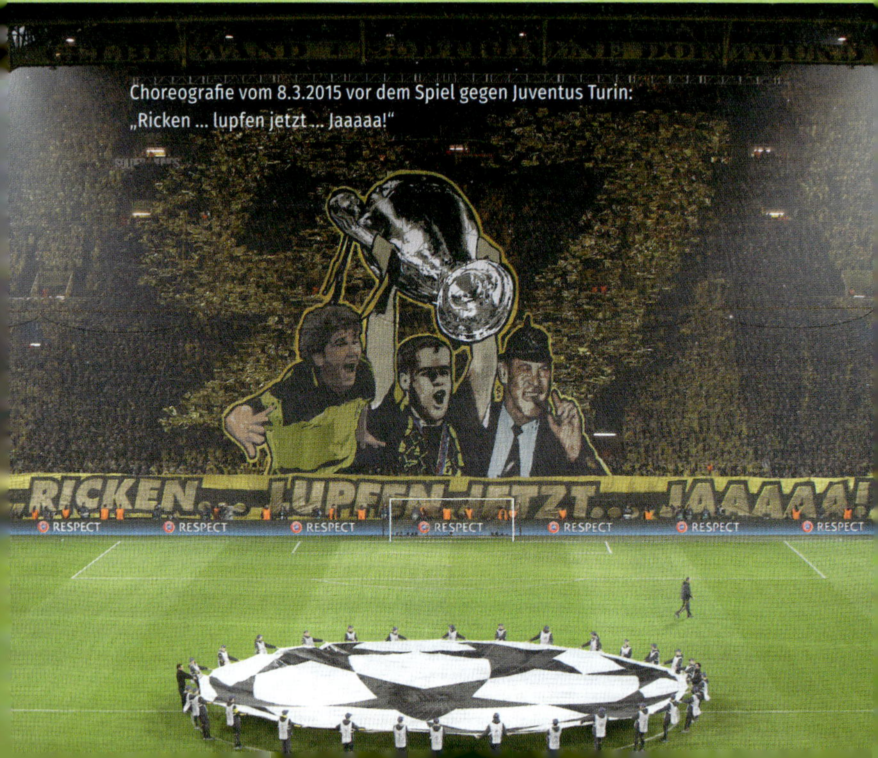

Choreografie vom 8.3.2015 vor dem Spiel gegen Juventus Turin:
„Ricken ... lupfen jetzt ... Jaaaaa!"

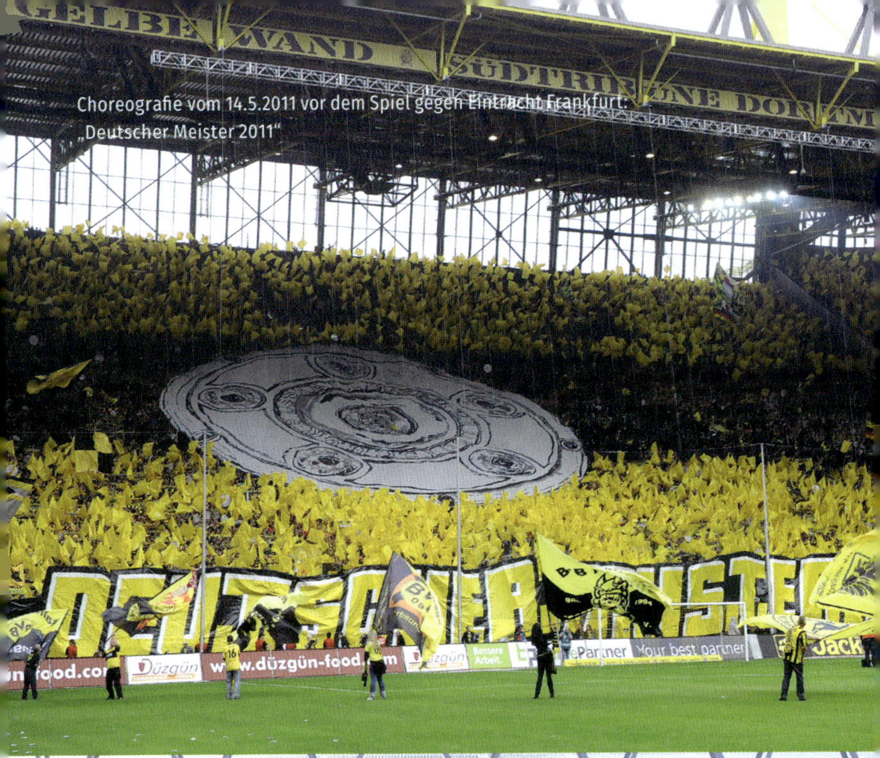

Choreografie vom 14.5.2011 vor dem Spiel gegen Eintracht Frankfurt: „Deutscher Meister 2011“

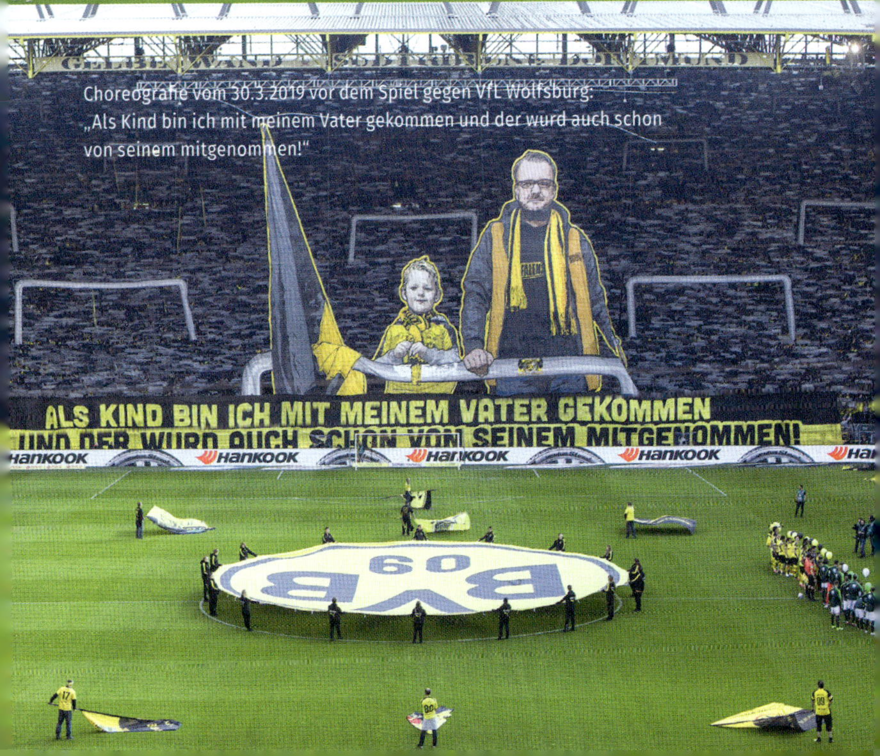

Choreografie vom 30.3.2019 vor dem Spiel gegen VfL Wolfsburg: „Als Kind bin ich mit meinem Vater gekommen und der wurd auch schon von seinem mitgenommen!“

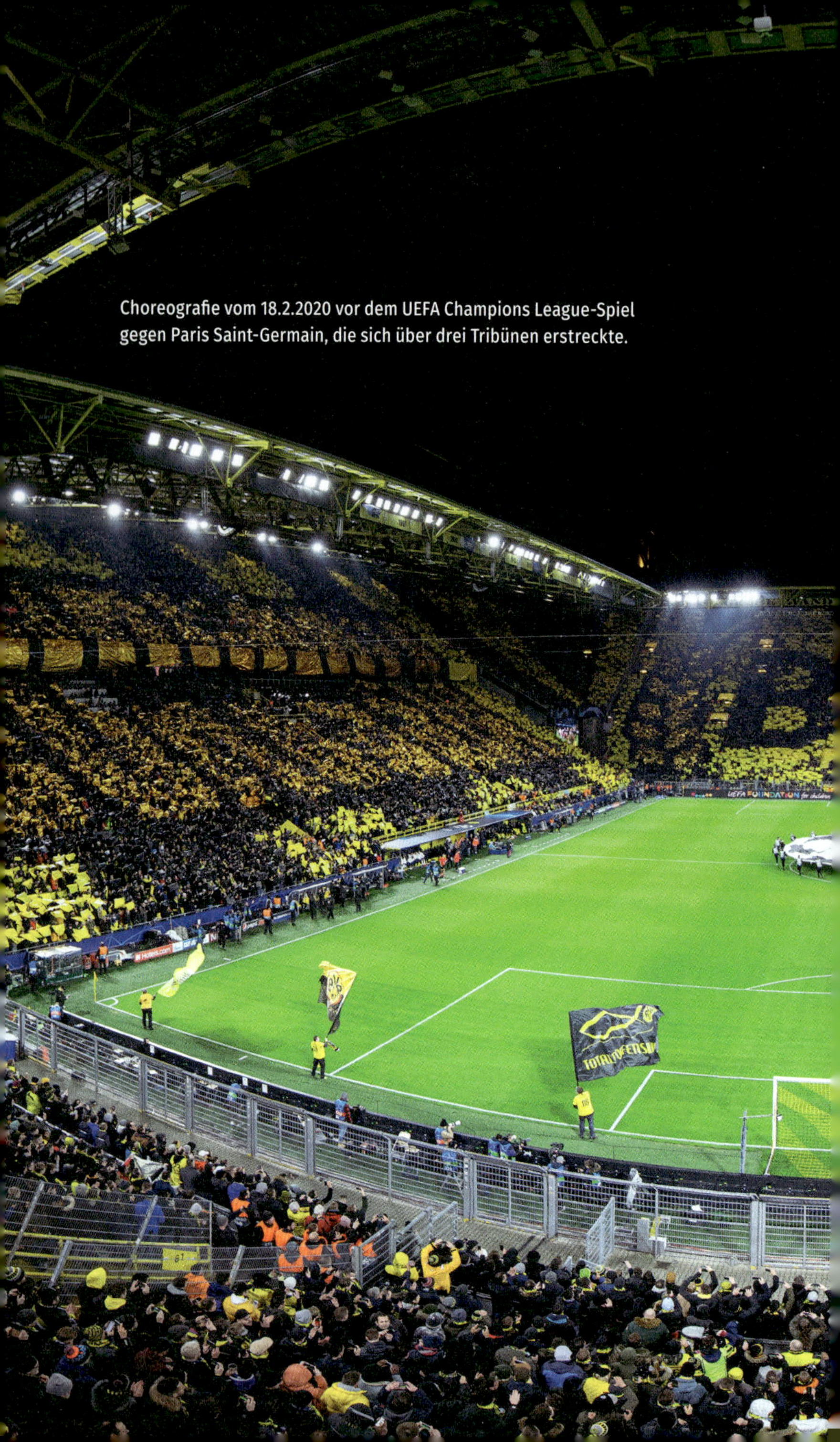

Choreografie vom 18.2.2020 vor dem UEFA Champions League-Spiel gegen Paris Saint-Germain, die sich über drei Tribünen erstreckte.

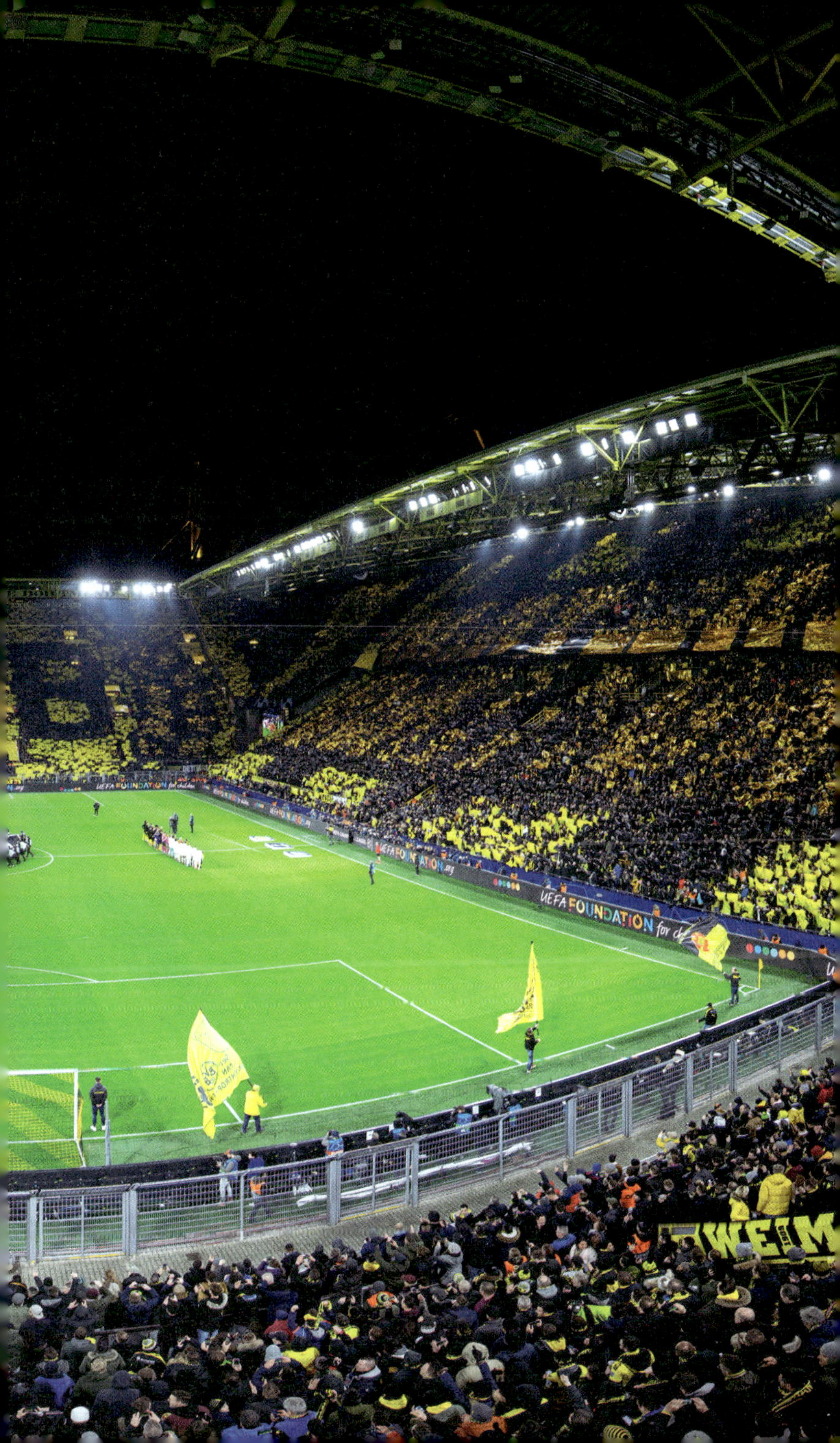
UEFA FOUNDATION

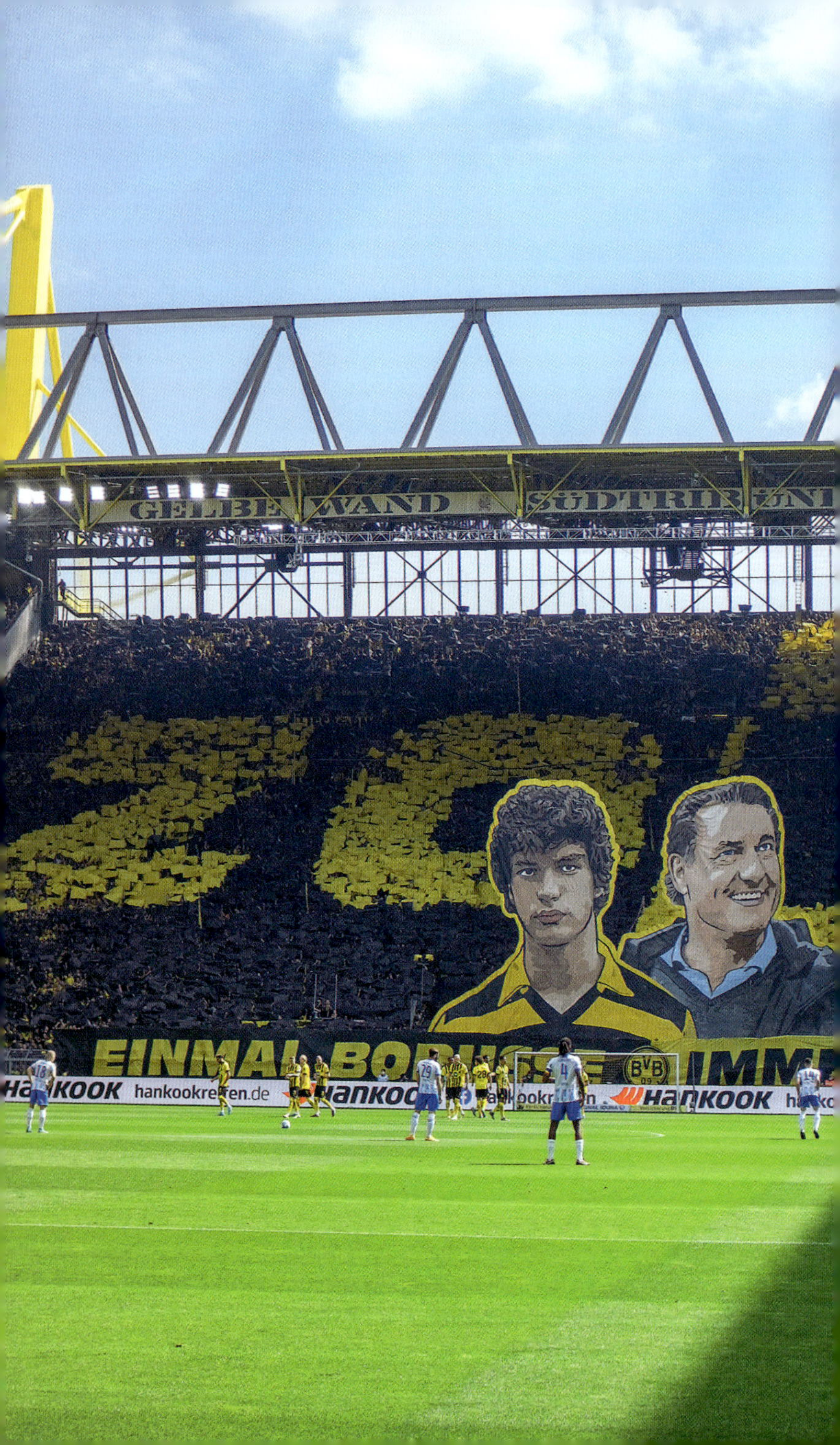
GELBE WAND

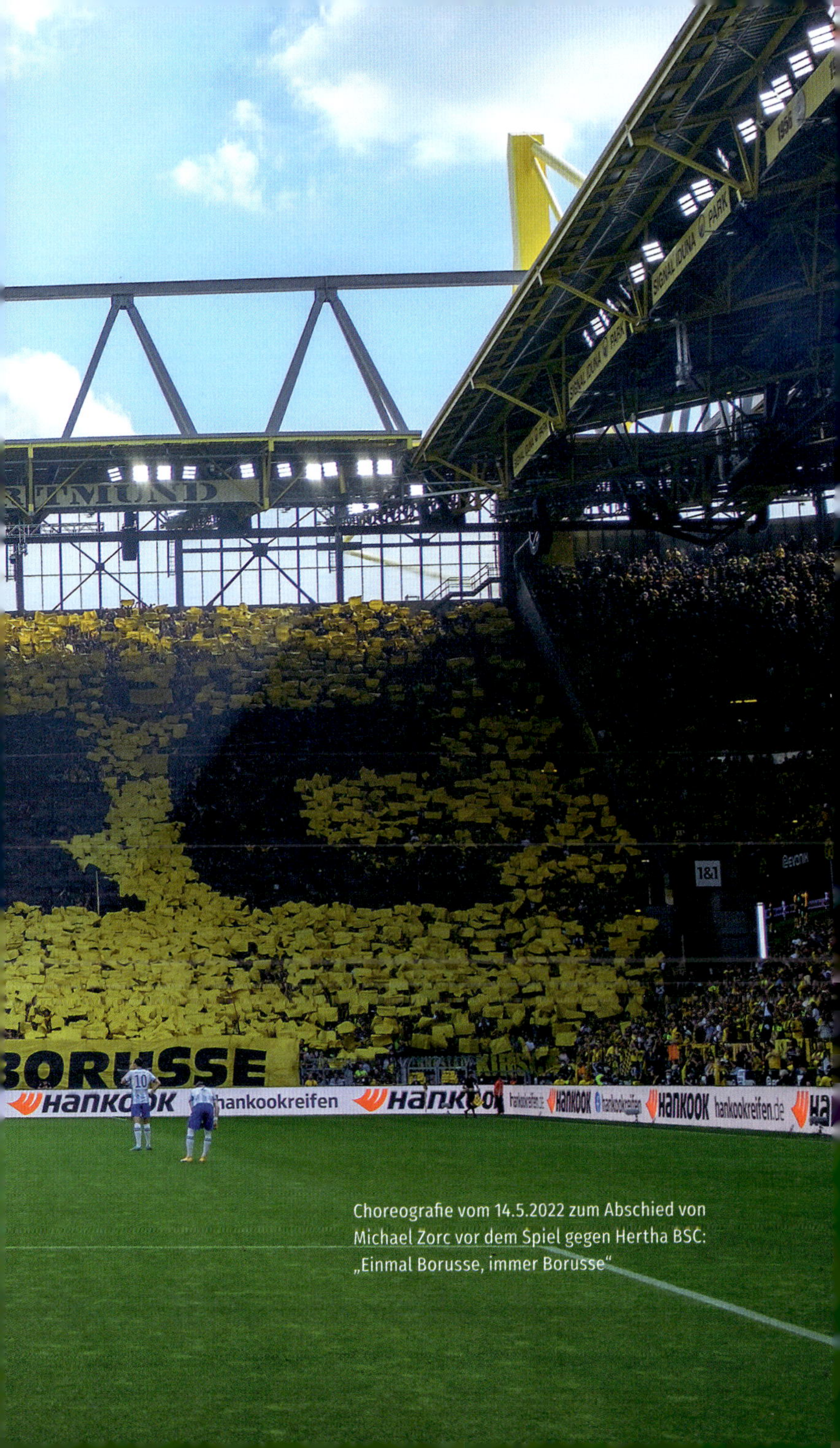

Choreografie vom 14.5.2022 zum Abschied von Michael Zorc vor dem Spiel gegen Hertha BSC: „Einmal Borusse, immer Borusse"

Lupfen jetzt!

Tore sind im Fußball das oft zitierte Salz in der Suppe. Ob ein Treffer aber schön oder besonders ist, das entscheiden viele Faktoren. Es geht um Finesse, Technik, die Art und Weise, wie das Tor zustande kam, natürlich die Bedeutung, aber auch die Emotionen, die es auslöst.

Um die schönsten entsprechend zu würdigen, können die Zuschauer der „Sportschau" in der ARD seit März 1971 ihr Tor des Monats wählen. Das gelang bisher auch 25 Mal einem Spieler von Borussia Dortmund. Daniel Simmes (1984) und Lars Ricken (1997) war es sogar vergönnt die Wahl zum Tor des Jahres zu gewinnen.

Der Treffer von Ricken im Finale der Champions League gegen Juventus Turin, für immer mit Marcel Reifs Aufforderung „Lupfen jetzt!" verbunden, wurde 2009 auch zum Tor des Jahrhunderts von Borussia Dortmund gewählt. Ricken ist übrigens der bislang einzige Spieler dem es gelang, mehr als ein Mal gegen den gleichen ausländischen Verein das Tor des Monats zu erzielen.

Aber nicht nur die Profis haben ES drauf, sondern auch der Nachwuchs. Denn Mark Börderling traf am 1. Juli 1990 so schön

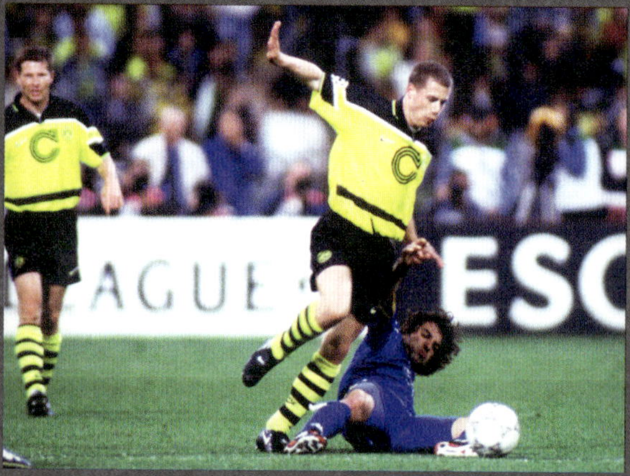

Lars Ricken im Endspiel von 1997

per Volleyschuss für die A-Jugend des BVB gegen Hertha Zehlendorf, dass er sich nachher über die Medaille für den Torschützen des Monats freuen durfte. Und dass, obwohl nur eine Woche später Andreas Brehme Deutschland in Italien zum WM-Titel schoss. Hier eine Liste aller Torschützen des Monats im BVB-Trikot der Profis:

Name	Datum	Gegner	Wettbewerb	Art des Tores
Manfred Burgsmüller	29.01.1977	Karlsruher SC	Bundesliga	Kopfball
Manfred Burgsmüller	27.09.1980	VfB Stuttgart	Bundesliga	Fallrückzieher
Daniel Simmes	05.10.1984	Bayer Leverkusen	Bundesliga	Solo
Frank Mill	09.04.1988	Hannover 96	Bundesliga	Abstauber
Norbert Dickel	24.06.1989	Werder Bremen	DFB-Pokal	Volleyschuss
Knut Reinhardt	20.08.1991	Fortuna Düsseldorf	Bundesliga	Distanzschuss
Flemming Povlsen	16.02.1993	Inter Mailand	Freundschaftsspiel	Fallrückzieher
Andreas Möller	17.06.1995	Hamburger SV	Bundesliga	Freistoß
Lars Ricken	22.11.1995	Juventus Turin	Champ. League	Volleyschuss
Lars Ricken	28.05.1997	Juventus Turin	Champ. League	Distanzschuss
Andreas Möller	23.08.1997	VfL Bochum	Bundesliga	Solo
Giuseppe Reina	15.10.1999	Arminia Bielefeld	Bundesliga	Volleyschuss
Márcio Amoroso	22.08.2001	Schachtar Donezk	Champ. League	Distanzschuss
Márcio Amoroso	04.04.2002	AC Mailand	UEFA-Cup	Solo
Otto Addo	24.09.2003	FK Austria Wien	UEFA-Cup	Solo
Florian Kringe	25.03.2006	Hamburger SV	Bundesliga	Distanzschuss
Sebastian Kehl	21.07.2012	1. FC Nürnberg	Freundschaftsspiel	Distanzschuss
Marco Reus	29.09.2012	Bor. M'gladbach	Bundesliga	Distanzschuss
Robert Lewandowski	28.09.2013	SC Freiburg	Bundesliga	Volleyschuss
Ousmane Dembélé	26.04.2017	FC Bayern München	DFB-Pokal	Distanzschuss
Julian Brandt	17.12.2019	RB Leipzig	Bundesliga	Solo
Emre Can	08.02.2020	Bayer Leverkusen	Bundesliga	Distanzschuss
Erling Haaland	20.02.2021	Schalke 04	Bundesliga	Seitfallzieher
Erling Haaland	19.09.2021	Union Berlin	Bundesliga	Heber
Jamie Gittens	07.12.2024	Bor. M'gladbach	Bundesliga	Solo

Die leise Legende

Er will ihn damals unbedingt haben, im Sommer 1991. Ottmar Hitzfeld hat einen Wunschspieler für seinen Kader und eigentlich kennt ihn niemand. Oder sagen wir besser, fast niemand kennt den Schweizer, der neue Coach allerdings schon. Und anscheinend auch gut genug. Stéphane Chapuisat kommt von Bayer Uerdingen in den Pott. Dass er bei den Krefeldern im Januar desselben Jahres anheuerte und dort in zehn Spielen vier Treffer erzielte, hat ein paar Jahre später wirklich kein Fan mehr auf dem Zettel. Denn „Chappi" wird beim BVB zum Publikumsliebling und zu einer Vereinslegende.

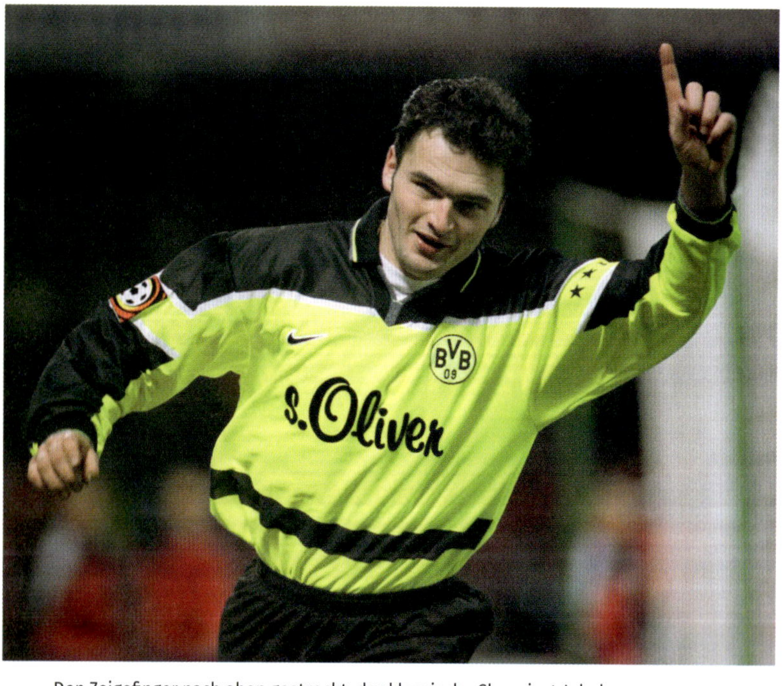

Den Zeigefinger nach oben gestreckt: der klassische Chapuisat-Jubel

Der Stürmer erzielt Tor um Tor und knackt als erster Ausländer überhaupt die stolze Marke von 100 Treffern in der Bundesliga. Er führt das Team als wichtigster Offensivspieler zu zwei Meisterschaften, dem Titel in der Champions League und dem Weltpokalsieg. Als er 1999 schließlich den Verein in Richtung seiner Heimat verlässt, fällt es allen äußerst schwer, Abschied zu nehmen, auch Chapuisat selbst. Die Fans lieben ihn, bis heute. Er ist kein Spieler mit Allüren, Theater gibt es bei ihm nicht. Der Mann aus Lausanne lässt lieber Taten sprechen – und die haben es in sich.

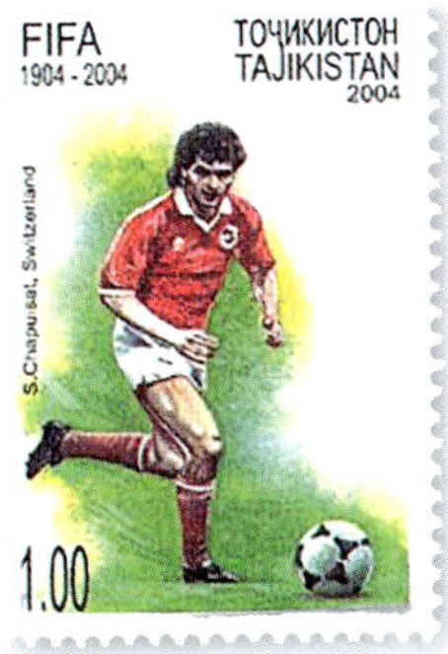

In Zentralasien mit einer Briefmarke geehrt: Stéphane Chapuisat

Und auch wenn ihn acht Jahre zuvor eigentlich niemand kannte, hätte man wissen müssen, dass aus ihm ein ziemlich brauchbarer Fußballer werden könnte. Denn schon sein Vater trat auf ganz hohem Niveau vor das runde Leder. Pierre-Albert Chapuisat gehört in den 70er und 80er Jahren zu einem der besten Spieler seines Landes. Der Papa gilt dank seiner herausragenden Technik und einer sehr klaren Spielübersicht als einer der brillantesten Kicker der Eidgenossen und ist auch ein Fixpunkt in der Nationalmannschaft.

Außerdem berät er seinen Sohn und handelt für ihn sämtliche Verträge aus. Sportlich kann er aber mit Stéphane nicht mithalten. Der kleine „Chappi" bringt es auf 103 Länderspiele und ist viele Jahre nach dem Ende seiner Karriere nicht nur ein gefragter Experte, sondern kümmert sich als Trainer für den Verband um die Ausbildung der Stürmer. Er weiß eben, wie es geht, ein ausgebufftes Schlitzohr. Zum 100. Geburtstag der FIFA, der zeitgleich mit seinem Rücktritt aus der „Nati" ins Jahr 2004 fällt, schafft er es sogar auf eine Briefmarke. Aber nicht in der Schweiz oder in Deutschland, sondern in Tadschikistan. Ein Mann leiser Worte, der trotzdem Eindruck hinterlassen hat.

Tops und Flops auf dem Transfermarkt

Bei manchen Spielern reicht es nur kurz das Trikot eines Vereins zu tragen, um sich in die Herzen der Fans zu spielen. Marc Bartra ist wohl so ein Akteur. Er war Borussia Dortmund vom ersten Tag an. Sein Abschied, der einen traurigen Hintergrund hatte, tat vielen daher besonders weh. Sportlich hinterließen andere sicher größere Spuren. Shinji Kagawa kam für einen Appel und ein Ei, plus ein paar Euro. Robert Lewandowski oder Pierre-Emerick Aubameyang kamen ebenfalls für eher kleines Geld und später groß heraus. Das gilt auch für Stéphane Chapuisat oder Sigfried Held, die relativ unbekannt waren, als sie sich dem BVB anschlossen.

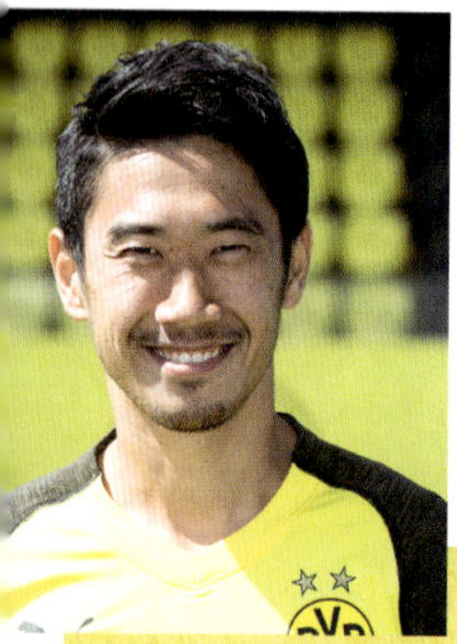

Shinji Kagawa

DIE BESTEN DEALS SEIT 1980:

Stéphane Chapuisat	1991 bis 1999, 218 Spiele, 102 Tore
Robert Lewandowski	2010 bis 2014, 131 Spiele, 74 Tore
Pierre-Emerick Aubameyang	2013 bis 2018, 144 Spiele, 98 Tore
Shinji Kagawa	2010 bis 2012 & 2014 bis 2019, 148 Spiele, 41 Tore
Marcel Răducanu	1982 bis 1988, 167 Spiele, 31 Tore
Norbert Dickel	1986 bi 1990, 90 Spiele, 40 Tore
Stefan Reuter	1992 bis 2004, 307 Spiele, 11 Tore
Roman Weidenfeller	2002 bis 2018, 349 Spiele
Matthias Sammer	1993 bis 1998, 115 Spiele, 21 Tore
Jakub Błaszczykowski	2007 bis 2015, 197 Spiele, 27 Tore
Sebastian Kehl	2002 bis 2015, 274 Spiele, 20 Tore

Allerdings griff die Borussia auch einige Male ordentlich daneben. Im Kampf um den Titel des größten Flops liefern sich Victor Ikpeba und André Schürrle ein hartes Rennen. Der ehemalige Fußballer des Jahres in Afrika konnte die Erwartungen ebenso wenig erfüllen wie der Weltmeister von 2014. Aber auch die Argentinier Leonardo Rodríguez und Patricio Margetic waren alles, nur keine Volltreffer. Heinz-Werner Eggeling blieb auch nicht in Erinnerung, zumal er einem anderen ganz ordentlichen Kicker vorgezogen wurde: Rudi Völler.

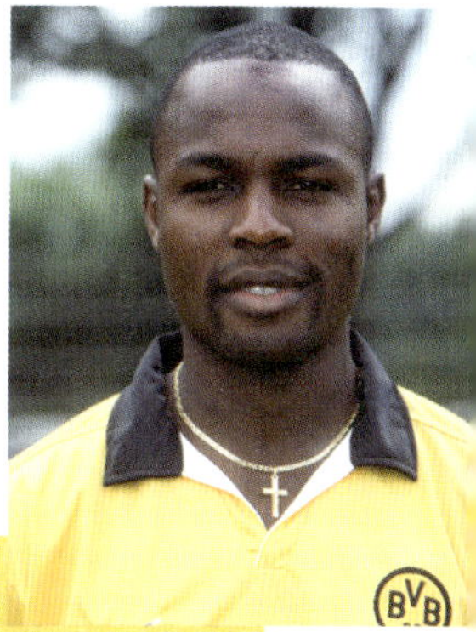

Victor Ikpeba

DIE FRAGWÜRDIGSTEN VERPFLICHTUNGEN:

Victor Ikpeba	1999 bis 2001, 30 Spiele, 3 Tore
André Schürrle	2016 bis 2018, 33 Spiele, 3 Tore
Patricio Margetic	1988 bis 1989, 1 Spiel, 0 Tore
Jan Derek Sørensen	2001 bis 2003, 24 Spiele, 0 Tore
Leonardo Rodríguez	1994, 6 Spiele, 0 Tore
Heinz-Werner Eggeling	1982 bis 1983, 27 Spiele, 3 Tore
Steven Pienaar	2006 bis 2007, 25 Spiele, 0 Tore
Emre Mor	2016 bis 2017, 12 Spiele, 1 Tor
Thomas Häßler	1998 bis 1999, 18 Spiele, 2 Tore
Ciro Immobile	2014 bis 2015, 24 Spiele, 3 Tore
Nelson Valdez	2006 bis 2010, 113 Spiele, 16 Tore

Die Dauerbrenner und Knipser

„Fünf ist Trümpf“ - Wer kann sich noch an den Slogan der Deutschen Post erinnern, als 1993 das System für die Postleitzahlen umgestellt wurde?
Noch verrückter als der Werbespruch war da nur die Figur Rolf. In der Top 5 von Borussia Dortmund geht es hingegen ganz klassisch zu. An der Spitze der meisten Einsätze in der Bundesliga steht mit Michael Zorc der ehemalige Sportdirektor. Ihn zu überholen ist quasi unmöglich. Wer aber über 13 Jahre kein Spiel verpasst, der wird in der 14. Saison im BVB-Trikot an „Susi“ vorbeiziehen. Dann mal viel Erfolg.

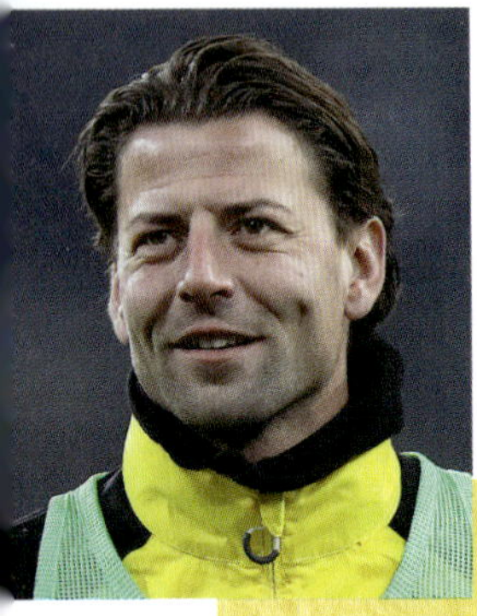

Roman Weidenfeller

DIE SPIELER MIT DEN ZEHN MEISTEN EINSÄTZEN IN DER BUNDESLIGA:

Michael Zorc	463
Mats Hummels	367
Roman Weidenfeller	349
Dedê	322
Stefan Reuter	307
Lars Ricken	301
Marco Reus	294
Günter Kutowski	288
Sebastian Kehl	274
Łukasz Piszczek	264

Stand Saisonbeginn 2025/26

Er traf und traf und traf. In seinen fünf Jahren bei Borussia Dortmund war Pierre-Emerick Aubameyang für die Gegenspieler meist zu schnell. Insgesamt kam der Gabuner auf 98 Tore, ein Schnitt von 0.68 Treffern pro Partie. Der erste Platz in der ewigen Torjägerliste des Vereins war in Reichweite, doch er verdient nun lieber woanders sein Geld, anstatt sich in Schwarzgelb unsterblich zu machen. Das bleibt nun Manfred Burgsmüller vorbehalten. Und das ist gut so.

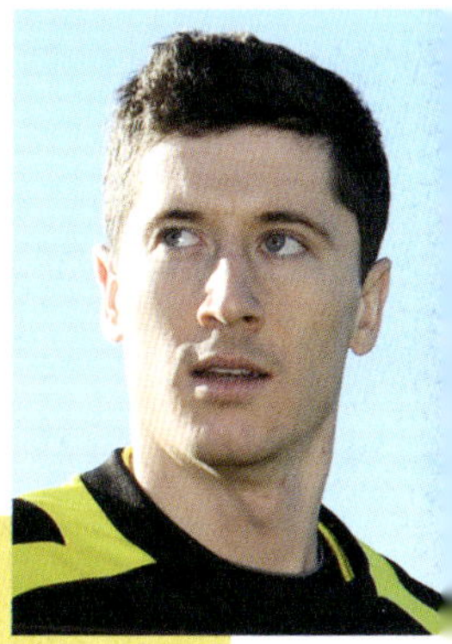

Robert Lewandowski

DIE SPIELER MIT DEN ZEHN MEISTEN TOREN IN DER BUNDESLIGA:

Manfred Burgsmüller	135
Michael Zorc	131
Marco Reus	120
Lothar Emmerich	115
Stéphane Chapuisat	102
Pierre-Emerick Aubameyang	98
Robert Lewandowski	74
Andreas Möller	71
Erling Haaland	62
Reinhold Wosab	60

Stand Saisonbeginn 2025/26

Schwarzgelbe Zahlenspiele

2

In der „Ewigen Tabelle“ liegt Borussia Dortmund zum Start der Saison 2022/23 auf dem zweiten Platz. Der Dritte, Werder Bremen, ist 184 Punkte entfernt.

4

Vier Jahre verbrachte der BVB nach dem Abstieg 1972 der Zweitklassigkeit. 1976 gelang nach Entscheidungsspielen gegen den 1. FC Nürnberg die Rückkehr ins Oberhaus.

5

Insgesamt fünf Mal wurden vier BVB-Spieler „Fußballer des Jahres“. Gleich zwei Mal Matthias Sammer, vor ihm Hans Tilkowski und Jürgen Kohler. Zuletzt wurde Marco Reus die Ehre zuteil.

25

Mal schossen BVB-Spieler das begehrte „Tor des Monats“ der ARD-Sportschau.

6

Bis zur Einführung der Bundesliga im Jahr 1963 wurde Borussia Dortmund insgesamt sechs Mal Westdeutscher Meister.

9

Neun Deutsche Meisterschaften gewannen die A-Junioren, mittlerweile offiziell als U19 bezeichnet. Einmal mehr als die Profimannschaft.

581

Spieler aus insgesamt 53 Ländern hat der BVB seit dem Start der Oberliga West 1947/48 eingesetzt.

2008

Am 19. Dezember 2008 wurde, ein Jahr vor dem 100. Geburtstag des Vereins, das Museum des Clubs unter dem Namen „Borusseum" eröffnet. Es befindet sich in der Nordost-Ecke des Stadions.

81.365

Der höchste Zuschauerschnitt in einer Bundesliga-Saison, den der BVB je erreichen konnte. Er stammt aus der Saison 2024/25.

28

Partien in Serie in der Bundesliga nicht zu verlieren, das gelang dem BVB in der Spielzeit 2011/12 – ebenso Bestmarke innerhalb einer Saison wie die gleichzeitig verbuchten 25 Siege.

1968

So viele Spiele absolvierte Borussia Dortmund einschließlich der Saison 2024/25 in der Bundesliga. Davon konnten 904 Partien gewonnen werden. Bei 487 Unentschieden setzte es zudem 577 Niederlagen.

30,5

Im Sommer 2019 wurde Mats Hummels mit 30,5 Millionen Euro zum teuersten Einkauf der Vereinsgeschichte. Damit löste er André Schürrle ab, der 2016 satte 30 Millionen gekostet hatte. Seitdem wurden zwei weitere Akteure für jeweils 30 Millionen Euro plus zusätzlich möglicher Boni verpflichtet, Donyell Malen (2021) und Karim Adeyemi (2022).

Von unvergessen bis am liebsten vergessen

Den Besserwissern unter den BVB-Fans wird bereits das Datum, das Ergebnis oder ein spezieller Moment reichen, um sich an die jeweilige Partie zu erinnern. Mal kommt große Freude auf, mal Trauer. Mal Tränen des Glücks, mal Tränen der Enttäuschung. Eine subjektive Rangliste der größten Triumphe und Pleiten in der Geschichte von Borussia Dortmund.

Flop

Die größten Pleiten:

10 10.7.1949: Neckarstadion, Stuttgart, Finale Deutsche Meisterschaft
Borussia Dortmund – Mannheim 2:3 n. V.

9 11.4.2000: Westfalenstadion, Dortmund, 29. Spieltag Bundesliga
Borussia Dortmund – Unterhaching 1:3

8 27.8.2003: Westfalenstadion, Dortmund, Rückspiel 3. Runde Qualifikation Champions League
Borussia Dortmund – Brügge 2:4 i. E.

7 23.9.2000: Westfalenstadion, Dortmund, 6. Spieltag Bundesliga
Borussia Dortmund – FC Schalke 04 0:4

6 31.3.2018: Allianz-Arena, München, 28. Spieltag Bundesliga
FC Bayern München – Borussia Dortmund 6:0

5 8.5.2002: De Kuip, Rotterdam, Finale UEFA-Pokal
Borussia Dortmund – Feyenoord Rotterdam 2:3

4 14.8.1963: Niedersachsenstadion, Hannover, Finale DFB-Pokal
Borussia Dortmund – Hamburger SV 0:3

3 14.4.2016: Anfield, Liverpool, Rückspiel Viertelfinale Europa League
FC Liverpool – Borussia Dortmund 4:3

2 29.4.1978: Rheinstadion, Düsseldorf, 34. Spieltag Bundesliga
Borussia Mönchengladbach – Borussia Dortmund 12:0

1 25.5.2013: Wembley-Stadion, London, Finale Champions League
Borussia Dortmund – FC Bayern München 1:2

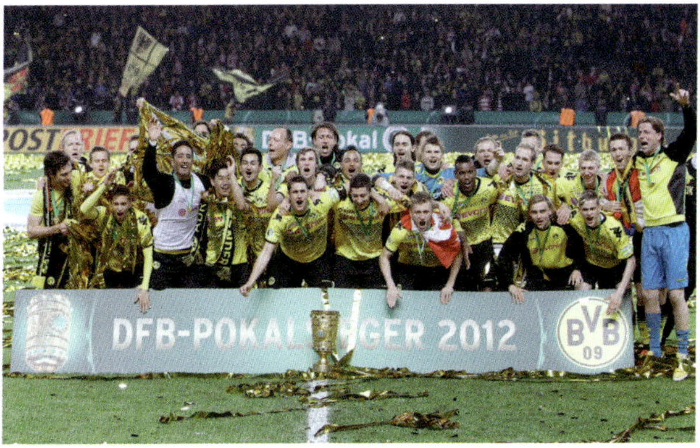

Pokaltriumph in Berlin 2012

Top

Die größten Triumphe:

10 12.5.2007: Westfalenstadion, Dortmund, 33. Spieltag Bundesliga
Borussia Dortmund – FC Schalke 04 2:0

9 9.4.2013: Westfalenstadion, Dortmund,
Rückspiel Viertelfinale Champions League
Borussia Dortmund – Málaga 3:2

8 12.5.2012: Olympiastadion, Berlin, Finale DFB-Pokal
Borussia Dortmund – FC Bayern München 5:2

7 6.12.1994: Westfalenstadion, Dortmund,
Rückspiel Achtelfinale UEFA-Pokal
Borussia Dortmund – La Coruña 3:1 n. V.

6 2.12.1997: Olympiastadion, Tokio, Finale Weltpokal
Borussia Dortmund – Cruzeiro Belo Horizonte 2:0

5 19.5.1986: Westfalenstadion, Dortmund, Rückspiel Relegation
Borussia Dortmund – Fortuna Köln 3:1

4 5.5.1966: Hamden Park, Glasgow, Finale Europapokal der Pokalsieger
Borussia Dortmund – FC Liverpool 2:1 n. V.

3 24.6.1989: Olympiastadion, Berlin, Finale DFB-Pokal
Borussia Dortmund – Werder Bremen 4:1

2 24.6.1956: Olympiastadion, Berlin, Finale Deutsche Meisterschaft
Borussia Dortmund – Karlsruher SC 4:2

1 28.5.1997: Olympiastadion, München, Finale Champions League
Borussia Dortmund – Juventus Turin 3:1

Die Helden von 1997 und ihr Leben danach

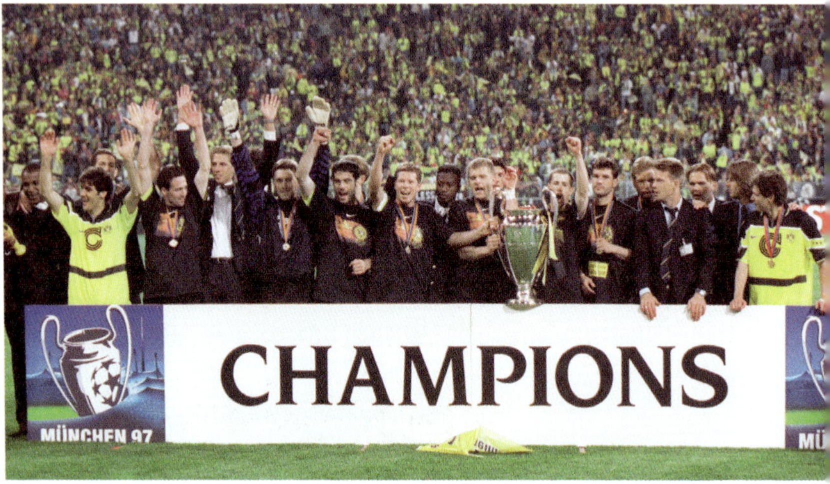

Die Mannschaft von Borussia Dortmund nach der Pokalübergabe 1997

Stefan Klos: Völlig untergetaucht und nicht mehr im Fußballgeschäft zu finden ist Stefan Klos. Er wechselt 1998 zu den Glasgow Rangers, gewinnt dort vier Meisterschaften und drei Mal den Pokal. Von Ende 2013 an drei Jahre lang Kassenprüfer des BVB.

Matthias Sammer: Aufgrund von Verletzungen beendet Sammer seine Karriere frühzeitig, wird dann mit dem BVB 2002 als Trainer Meister. Kurz übernimmt er noch den VfB Stuttgart. Danach zieht es ihm zum DFB, er arbeitet als Sportvorstand bei den Bayern und als TV-Experte. Mittlerweile ist er externer Berater der Borussia.

Wolfgang Feiersinger: Im Sommer 2000 geht es für ihn nochmal für vier Jahre nach Österreich, wo er für zwei Spielzeiten auch die Jugend von RB Salzburg trainiert. Er übernimmt 2009 in Aurach bei Kitzbühel die Hochwildalmhütte, die er von Anfang Juni bis Mitte Oktober durchgängig bewirtschaftet.

Jürgen Kohler: Bis 2002 bleibt er dem Verein treu und beendet seine Karriere mit einem Platzverweis im UEFA-Cup-Finale gegen Feyenoord Rotterdam. Danach arbeitet er, meist unterklassig, als Trainer. Momentan verantwortet er die U17 des Bonner SC.

Martin Kree: Bis 1998 bleibt er beim BVB, sagt dann dem Fußball auf Wiedersehen. Danach arbeitet er im Marketing, ist heute in der Computerbranche tätig und war seit Juli 2012 über viele Jahre Mitglied des Aufsichtsrats beim VfL Bochum.

Stefan Reuter: Bis 2004 bleibt Reuter dem Verein treu und beendet in Dortmund seine aktive Laufbahn. Erst landet er als Geschäftsführer beim TSV 1860 München, seit Dezember 2012 ist er im sportlichen Bereich beim FC Augsburg sehr erfolgreich, eher er im September 2023 zurücktritt.

Júlio César: Bis 1999 steht der Brasilianer noch beim BVB unter Vertrag. Danach geht es für ihn noch für eine Spielzeit zu Werder Bremen, 2001 macht er in seiner Heimat Schluss als Aktiver. Er ist nun als Spielerberater unterwegs und der Chef im Legendenteam der Borussia.

Jörg Heinrich: Über viele Jahre hörte man nichts von Jörg Heinrich, der in seine Heimatregion zurückgekehrt war. In der Saison 2017/18 wird er Co-Trainer von Peter Stöger in Dortmund. Er betreibt heute ein Sportgeschäft mit mehreren Filialen, unter anderem in Berlin.

Knut Reinhardt: Knieprobleme zwingen ihn keine zwölf Monate nach seinem Wechsel zum 1. FC Nürnberg schon im Jahr 2000 zum Ende der Karriere. Er schwenkt völlig um und ist heute Grundschullehrer mit der Fächerkombination Mathematik und Sport.

Paul Lambert: Ein halbes Jahr nach dem Triumph von München geht Lambert zu Celtic Glasgow. Dort wird er zu einer Vereinsikone. Nach verschiedenen Stationen von 2018 bis 2021, unter anderem Aston Villa und Stoke City, sitzt er als Trainer beim Traditionsverein Ipswich Town auf der Bank.

Steffen Freund: Im Januar 1999 schließt sich Freund den Tottenham Hotspur an, wird dort zu einem Publikumsliebling. Später Trainer im Bereich der Nachwuchsmannschaften des DFB und Co-Trainer bei den Spurs. Heute ist er als TV-Experte unterwegs.

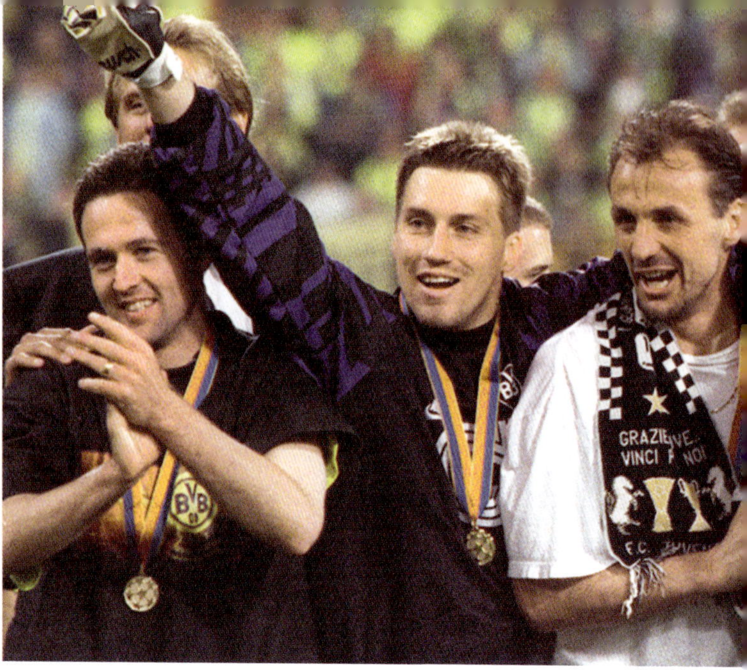

René Tretschock: Unmittelbar nach dem Erfolg in der Königsklasse verlässt er den BVB, spielt danach für den 1. FC Köln und Hertha BSC. Dort ist er auch kurz Interims- und Co-Trainer. Inzwischen kümmert er sich als Vorstandsmitglied um seine Fußballschule in Wolfen, Sachsen-Anhalt.

Michael Zorc: Direkt nach dem Ende der Karriere wechselte er ins Management des Vereins und ist seit 2005 als Sportdirektor des BVB einer der wichtigsten Entscheidungsträger. Unter seine Regie gewinnt der BVB 2012 das erste Double der Vereinsgeschichte. Im Mai 2022 geht er in Frührente.

Paulo Sousa: Seine Zeit in Dortmund ist nur ein kurzes Intermezzo. Schon im Sommer 1997 ist er wieder weg, geht zu Inter Mailand. Er hört 2002 ganz auf, wird Trainer, unter anderem in England, Wales, Ungarn, Israel, der Schweiz und Italien. Zuletzt im Amt bei Flamengo Rio de Janeiro.

Andreas Möller: Ausgerechnet zum Erzrivalen Schalke wechselt Möller im Sommer 2000. Nach einigen Verletzungen muss er 2004 im Trikot von Frankfurt ungewollt aufhören. Danach Manager bei Kickers Offenbach, Co-Trainer von Ungarn und von Oktober 2019 bis Ende Juni 2022 der Leiter des Nachwuchsleistungszentrums von Eintracht Frankfurt.

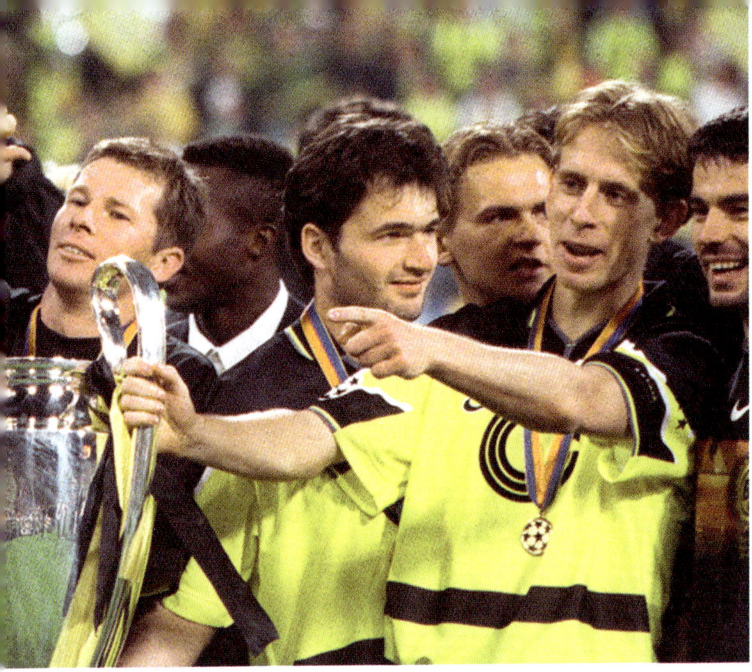

Lars Ricken: Bis 2009 spielt er für den BVB, seinen einzigen Verein im Profibereich. Direkt im Anschluss steigt er in der Verwaltung des Clubs ein, wird aber im Juli 2008 als Nachfolger von Edwin Boekamp zum Nachwuchskoordinator berufen. Seit 2024 ist er Geschäftsführer Sport des BVB.

Heiko Herrlich: Bis 2004 kickt er für den BVB, hängt dann die Schuhe an den Nagel. Später steigt er mit der U19 des Clubs ins Trainergeschäft ein. Er steht unter anderem in Bochum, Unterhaching und Regensburg, Leverkusen und Augsburg an der Seitenlinie. Zuletzt trainiert er die SpVgg Unterhaching.

Stéphane Chapuisat: Bis zum Sommer 1999 kickt und trifft er für Schwarzgelb. Danach geht es bis 2006 zurück in die Schweiz, er wird zwei Mal Torschützenkönig. Danach ist „Chappi" der Chefscout von Young Boys Bern, heute Stürmertrainer der Schweizer Nationalmannschaft.

Karlheinz Riedle: Im Anschluss an den Titelgewinn zieht es Riedle zum FC Liverpool. Dort bleibt er ebenso zwei Jahre wie danach auch in Fulham, seiner letzten Station. Im Allgäu besitzt er ein 4-Sterne-Hotel und organisiert Fußballcamps. Seit 2014 ist er „internationaler Markenbotschafter" beim BVB und neuerdings TV-Experte bei RTL.

AHA!

Unterwegs in Europa und der Welt

Wenn die Fußballstars heute mit dem Charter zum Auswärtsspiel irgendwo in Europa fliegen, dann ist alles bestens organisiert. Die Hotels vom Feinsten, das Essen erstklassig, die Anreise meist recht unkompliziert. Früher war das definitiv anders. Zum Beispiel als der BVB in den frühen 1990ern nach Wladikawkas reisen musste, im tiefsten Kaukasus gelegen. Das hatte schon etwas vom Wilden Westen, inklusive Scharfschützen auf dem Dach des Hotels und Einschüssen in der Decke der Zimmer. Kurios auch das Duell mit Universitatea Craiova, wo die Zuschauer größtenteils aus Soldaten bestanden. Der Ostblock hatte gegen und nach dem Ende des Kalten Krieges eben seinen ganz eigenen Charme.

Manche Partien wurden auch an einem neutralen Ort ausgetragen, genauer gesagt die Endspiele 1966 (in Glasgow), 1997 (in München), 2013 und 2025 (jeweils in London) sowie ein Entscheidungsspiel gegen Steaua Bukarest, das 1957 in Italien stattfand. Die weiteste Reise führte die Borussia bisher übrigens innerhalb Europas gleich zwei Mal nach Aserbaidschan, die kürzeste nach Eindhoven in den Niederlanden. Dazu spielte man in Tokio 1997 um den Weltpokal. Im Sommer 2025 folgte die Klub-WM in den USA. Die Karte zeigt, wo der BVB überall schon unterwegs gewesen ist. Ein paar weiße Flecken gibt es jedenfalls noch.

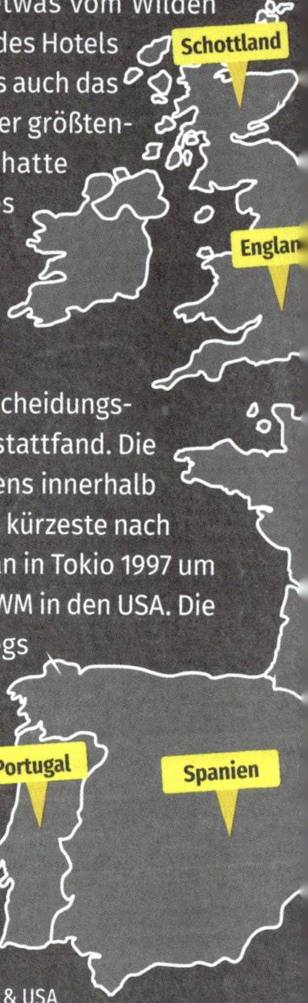

Aserbaidschan (2), Belgien (6), Bosnien-Herzegowina (1), Bulgarien (1), Dänemark (3), Deutschland (3), England (18), Frankreich (14), Griechenland (2), Italien (19), Kroatien (1), Luxemburg (1), Malta (2), Niederlande (6), Norwegen (3), Österreich (3), Polen (2), Portugal (7), Rumänien (4), Russland (4), Schottland (8), Slowakei (1), Slowenien (1), Spanien (19), Tschechische Republik (4), Türkei (4), Ukraine (4), Zypern (1), Japan (1) & USA (Klub-WM 2025, Spiele nach Redaktionsschluss)

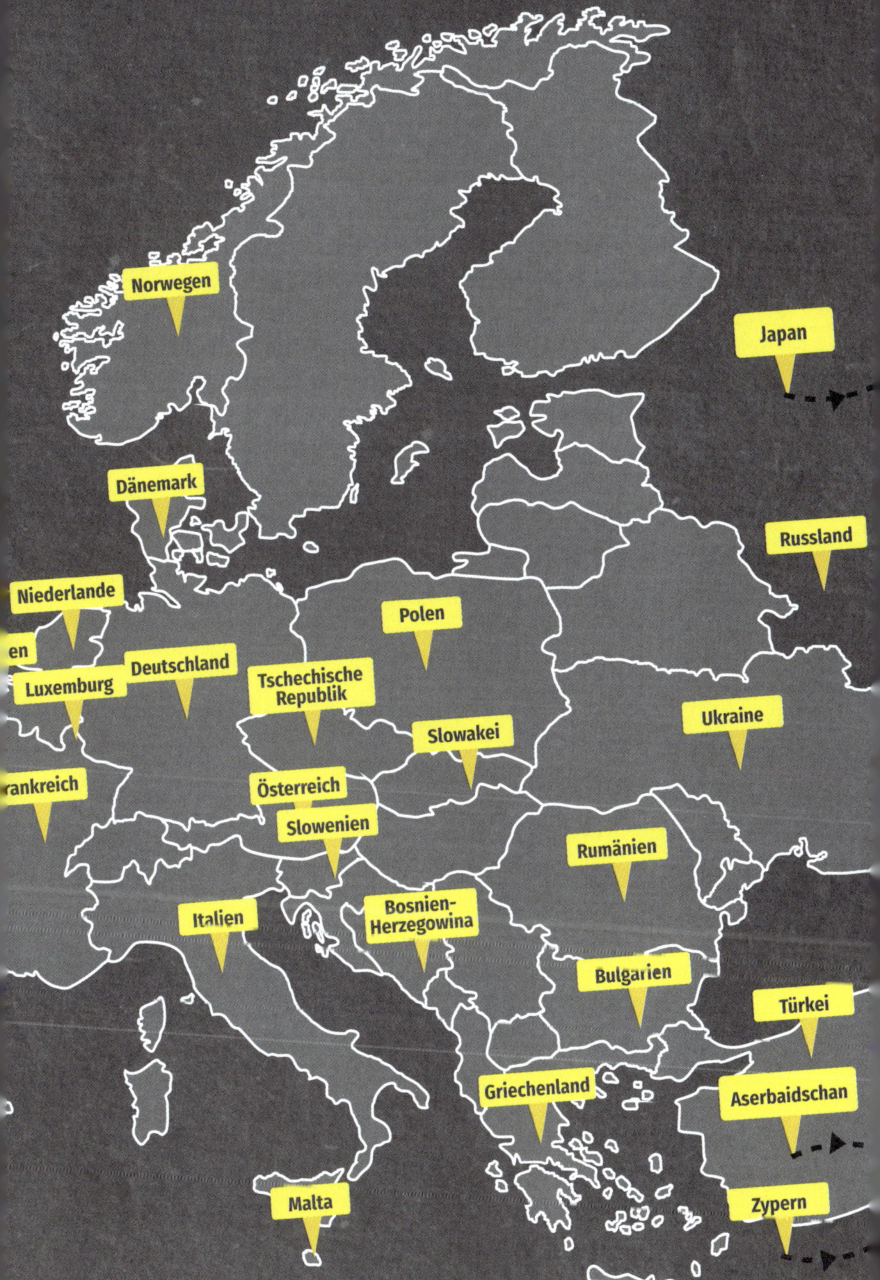
Norwegen
Japan
Dänemark
Russland
Niederlande
en
Polen
Luxemburg
Deutschland
Tschechische Republik
Ukraine
Slowakei
rankreich
Österreich
Slowenien
Rumänien
Italien
Bosnien-Herzegowina
Bulgarien
Türkei
Griechenland
Aserbaidschan
Malta
Zypern

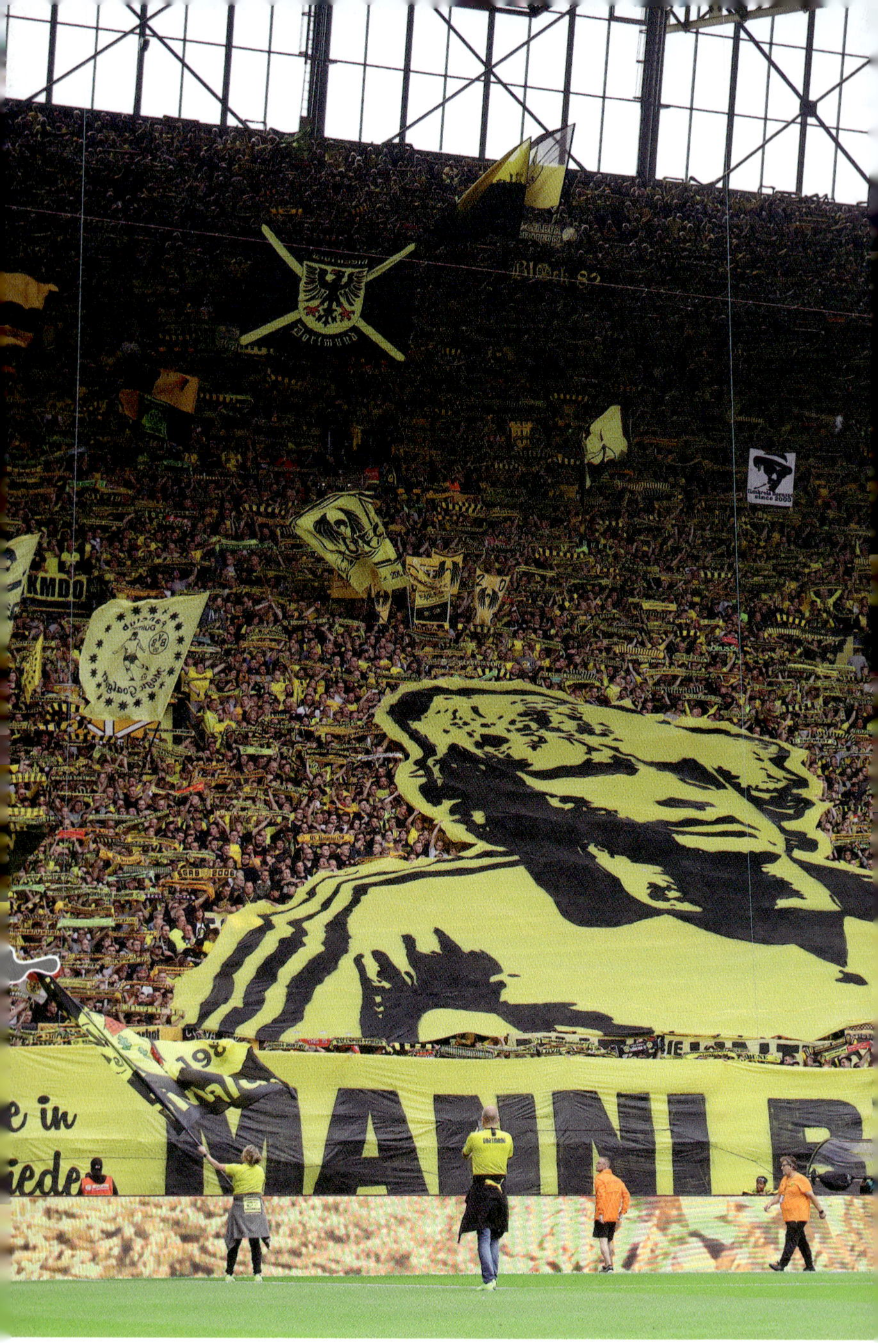
Dortmund
KMDO
MANNI B

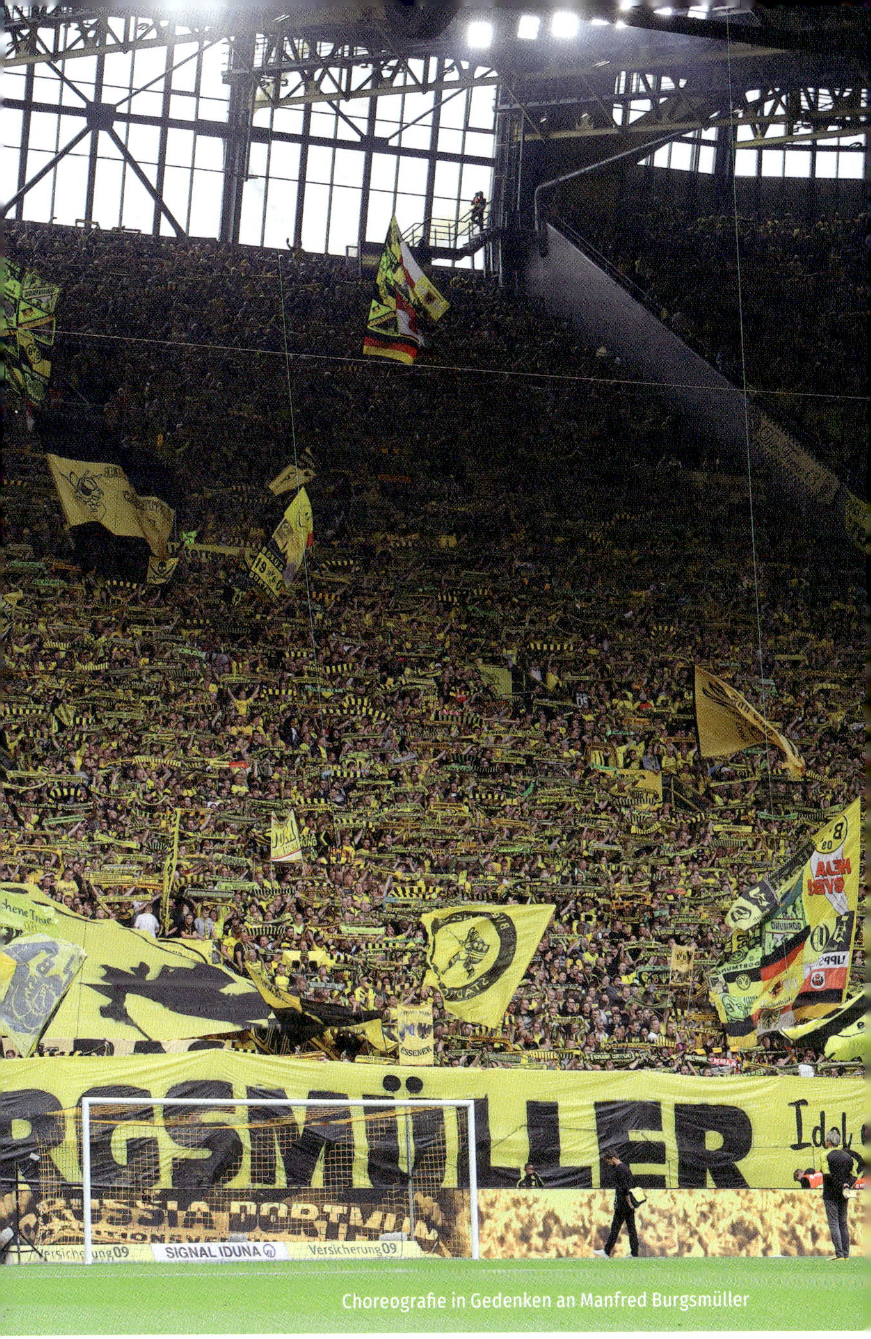

Choreografie in Gedenken an Manfred Burgsmüller

Tor in Madrid

Es wirkt wie eine Anekdote aus alten Zeiten, dabei liegt das Ereignis noch gar nicht so unendlich lange zurück. Aber es ist extrem weit entfernt vom Fußball der heutigen Zeit. Das, was sich am 1. April 1998 zutrug, konnte eigentlich nur ein Scherz sein, war es aber nicht.

Borussia Dortmund war zum Hinspiel des Halbfinales in der Champions League bei Real Madrid zu Gast. Wie damals üblich hätte die Partie um 20:45 Uhr angepfiffen werden sollen. Doch dazu kam es nicht.

Denn zwei Minuten zuvor hatten Fans hinter einem der beiden Tore den Schutzzaun erklommen. Der hielt dem Gewicht nicht stand, knickte daraufhin in Richtung der Zuschauertribünen um und riss das daran befestigte Tor mit sich. Wer meint, dass jetzt Hektik aufgekommen wäre, irrt! In aller Seelenruhe versuchten die Arbeiter im Stadion das Tor zu reparieren. Ein Ersatztor war nicht vorhanden.

In Deutschland wurde die Partie damals von RTL live übertragen. Marcel Reif kommentierte, während Günther Jauch moderierte. Und als klar war, dass es zu einer Verzögerung kommen würde, musste den Zuschauern natürlich ein Programm geboten werden. Aber Werbung während der eigentlichen Spielzeit? Der Sender war sich unsicher, was die Statuten erlauben. Also mussten Reif und Jauch sich etwas einfallen lassen. Was sie boten, wurde zu einem unvergesslichen Stück deutscher Fernsehgeschichte.

Während Jauch im Studio anhand eines Zollstocks zu vermitteln versuchte, wie hoch das Tor genau sein müsste, amüsierte Reif im Stadion mit Aussagen wie: „Noch nie hätte ein Tor einem Spiel so gut getan." Sein Kollege stand ihm aber in nichts nach. „Für alle, die nicht rechtzeitig eingeschaltet haben: Das erste Tor ist schon gefallen!" Wer damals vor dem Fernseher saß, sah sich bestens unterhalten.

Das belegen auch die Zahlen. Denn als die Partie mit 76 Minuten Verspätung endlich angepfiffen wurde, schalteten die Zuschauer ab. Lag die Einschaltquote zunächst bei 12,76 Millionen, waren es beim Spiel selbst nur knapp 6 Millionen. Kein Wunder, dass Reif und Jauch im Nachgang mit dem Bayerischen Fernsehpreis ausgezeichnet und 1999 für den Adolf-Grimme-Preis nominiert wurden.

Seitdem müssen übrigens in jedem Stadion Ersatztore bereitstehen. Davon hatte der BVB allerdings herzlich wenig. Die Partie ging mit 0:2 verloren. Mit dem torlosen Remis im Rückspiel war der Traum von der Titelverteidigung geplatzt.

„Noch nie hätte ein Tor dem Spiel so gut getan."

Das Ersatztor in Madrid wird angeliefert.

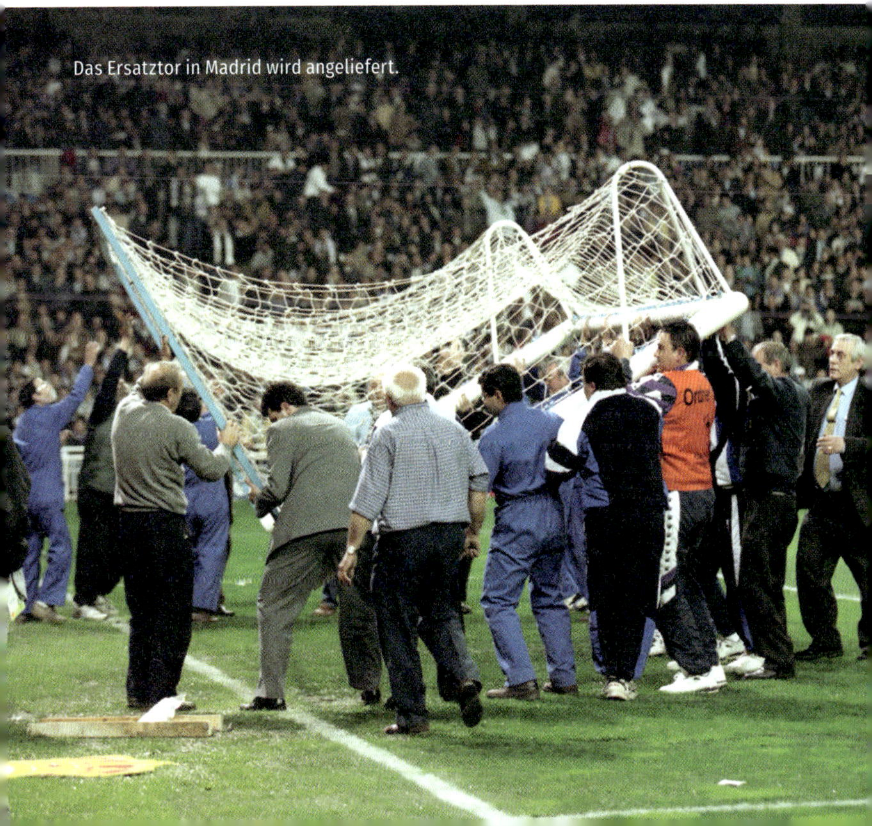

Des „Koksers“ goldene Sohle

Ein Filigrantechniker war er nie, aber das war nicht gefragt. In seiner Rolle als Vorstopper ging Jürgen Kohler völlig auf. So hieß das damals noch, zumindest als der „Kokser“ seine eindrucksvolle Karriere begann. Welt- und Europameister ist er geworden, Liga und Pokal in Deutschland und Italien gewann er, dazu den UEFA-Pokal und die Champions League.

Der Zweikampf war ihm heilig, das Duell Mann gegen Mann. Gerne packte er die Grätsche aus, brachte die besten Stürmer so zur Verzweiflung.

Eine Szene spiegelt seine Laufbahn dabei wider wie keine zweite. Es ist die 17. Spielminute im Old Trafford von Manchester. Das Rückspiel im Halbfinale der Champions League läuft und United, angeführt von Éric Cantona, drückt nach dem frühen Tor von Lars Ricken auf den schnellen Ausgleich. Das Gefühl, dass die Engländer bei einem Treffer den BVB förmlich überrollen würden, wird mit jeder Minute stärker. Dann scheint das Tor zu fallen. Kohler liegt hilflos auf dem Boden, während Cantona eigentlich nur noch einschieben muss.

Doch dieser Abend ist der Abend von Jürgen Kohler. Mit seiner Sohle rettet er auf der Linie und wird zum Helden. Bei United sitzt der Schock tief, die Borussia hält den Kasten sauber und zieht ins Endspiel von München ein. Der Rest ist Geschichte.

Für Kohler ist es das Spiel seines Lebens. Die Fans feiern ihn fortan als „Fußballgott“. Auch die Anhänger von United zollen seiner Leistung Tribut und applaudieren nach dem Abpfiff respektvoll. Dabei hatte er unter Magen- und Darmkrämpfen gelitten und war erst am Spieltag selbst angereist. Das war zumindest die offizielle Begründung. Die Wahrheit war weit tragischer: Seine hochschwangere Frau hatte nach Komplikationen eine Fehlgeburt erlitten.

Übermüdet, aber wild entschlossen kam Jürgen Kohler in England an, wollte unbedingt spielen. Nur Trainer Ottmar Hitzfeld wusste, was wirklich los war.

Am Ende der Saison steht der Titel in der Champions League. Jürgen Kohler wird in Deutschland zum „Fußballer des Jahres“ gewählt. Das „Theatre of Dreams“, für ihn tatsächlich ein Theater der Träume.

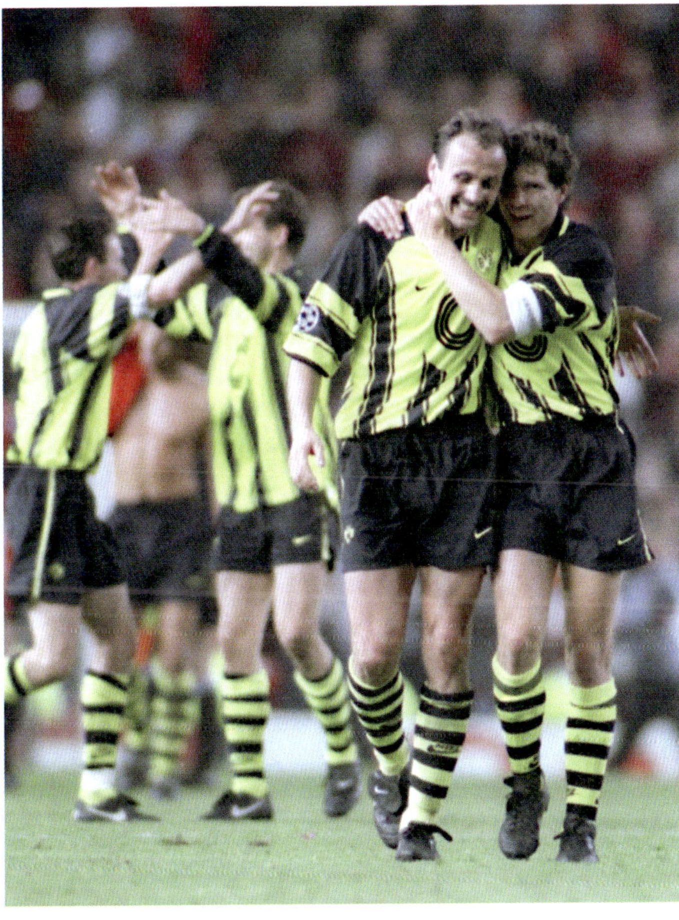

Jürgen Kohler wird von Andreas Möller geherzt.

Auf den letzten Drücker

Alleine über die teilweise wilden Aufholjagden mit offenem Visier in jüngster Vergangenheit könnte man wahrscheinlich ein Buch schreiben. Natürlich gibt es fast unzählige Bespiele absoluter Dramatik in der Geschichte von Borussia Dortmund. Doch das Rückspiel im Viertelfinale der Champions League 2013 gegen den FC Málaga steht auf der Liste vieler Liebhaber des Fußballs ganz weit oben.

Ungeschlagen war das Team von Jürgen Klopp in die Runde der letzten Acht eingezogen, hatte die Gruppenphase trotz namhafter Gegner wie Real Madrid, Manchester City und Ajax Amsterdam als Erster beendet und im Achtelfinale Schachtar Donezk bezwungen. Das Hinspiel gegen Málaga in Spanien endete torlos, die Serie der Unbesiegbarkeit hielt.

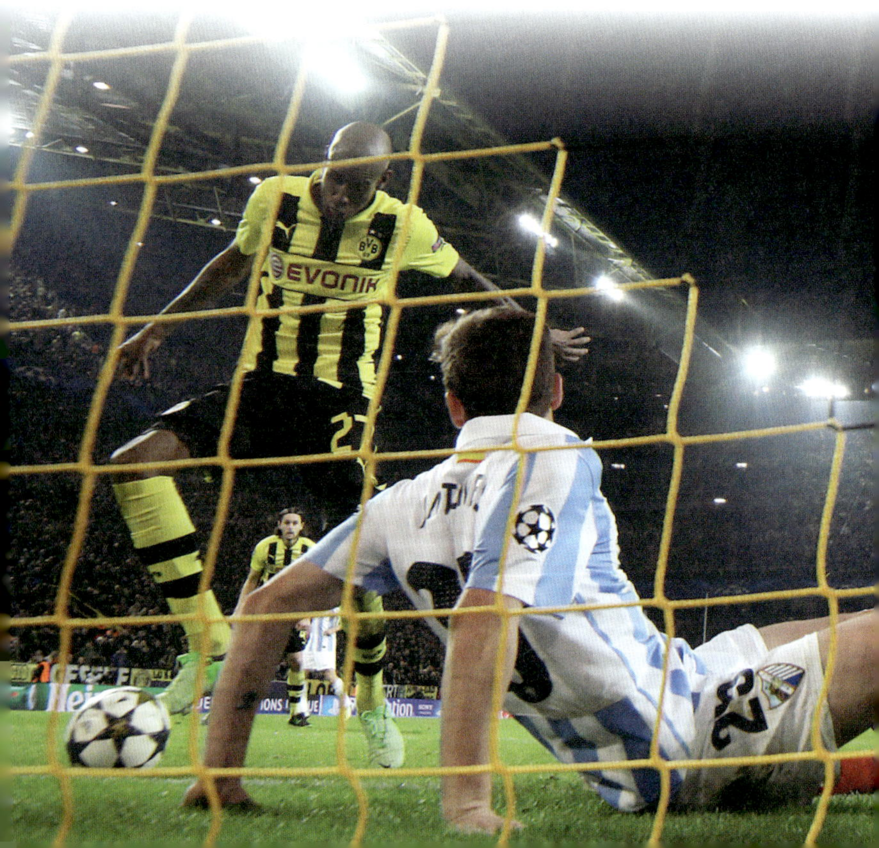

Es folgte das Rückspiel. Die Erwartungen waren hoch, das Halbfinale war zum Greifen nahe. Der BVB bestimmte das Spiel, doch den ersten Treffer markierten die Gäste, wobei der Rückstand bereits vor dem Pausenpfiff egalisiert werden konnte. Als Málaga acht Minuten vor Ende der regulären Spielzeit in Führung ging, da schien die Messe gelesen.

Zuvor hatte Willy Caballero schon einige Glanzparaden hinlegen müssen. In der Nachspielzeit war er dann aber machtlos, als erst Marco Reus traf (91.) und dann Felipe Santana den Ball über die Linie stocherte (92.). Im Stadion brachen alle Dämme. Diejenigen, die unverständlicherweise schon vorher nach Hause gegangen waren, ärgerten sich schwarz. Sie hatten den puren Wahnsinn verpasst.

Hinterher wurde vor allem darüber diskutiert, dass bei der Flanke vor dem Siegtreffer gleich vier Dortmunder im Abseits standen. Stimmt! Es stimmt aber auch, dass Málagas zweites Tor wegen des gleichen Regelverstoßes nie hätte zählen dürfen. Hätten die Männer an der Linie an diesem Abend ein wenig genauer hingeschaut, wäre dieses Drama allererster Güteklasse gar nicht möglich geworden. Gut, dass sie ihre Brillen anscheinend vergessen hatten.

Ganz knapp nicht das größte Comeback der Vereinsgeschichte: Am 6. Dezember 1994 schlägt der BVB das damalige spanische Spitzenteam Deportivo La Coruña nach Verlängerung mit 3:1 und zieht so in das Viertelfinale ein. Karl-Heinz Riedle (116.) und Lars Ricken (119.) sorgen dafür, dass die Borussia auf den letzten Drücker jubeln darf.

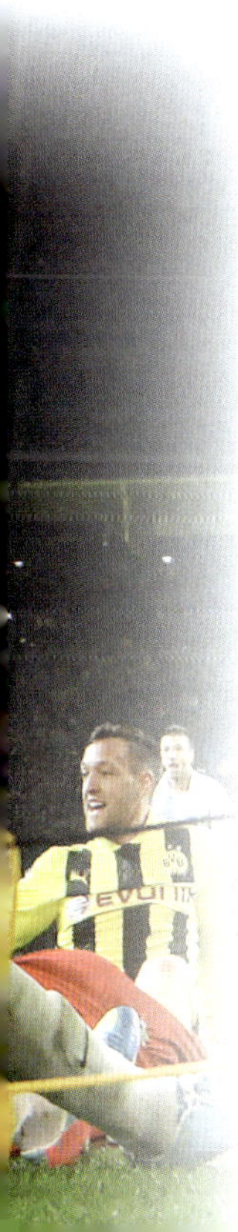

Felipe Santana stochert den Ball über die Linie.

Mailand oder Madrid

Seit Jahren haftet er ihm an, einer der bekanntesten Sprüche der deutschen Fußballgeschichte: „Mailand oder Madrid? Hauptsache Italien!"

Es wurde für Andreas Möller schließlich Turin, als er aus der Bundesliga in die Serie A wechselte. Die galt damals noch als das Paradies schlechthin für Fußballprofis. Alle wollten dort spielen, natürlich auch Möller. Seitdem hat Turbo-Andi, der von 1988 bis 1990 sowie von 1994 bis 2000 für den BVB auflief, den Ruf inne, dass seine Kenntnisse im Bereich Geografie eher überschaubar sind. Doch der Welt- und Europameister bestritt mehrfach, diese Worte so je gesprochen zu haben. Aufnahmen dieses Zitats gibt es nicht. Nach Aussagen von Zeitzeugen soll es sich ungefähr so zugetragen haben: „Mailand oder Madrid, das ist mir egal. Ob Italien oder nicht, Hauptsache ins Ausland!" Die knappe, wenn auch sehr amüsante Zusammenfassung ist bis in die Ewigkeit mit ihm verbunden. So gesagt hat es Möller allerdings nie.

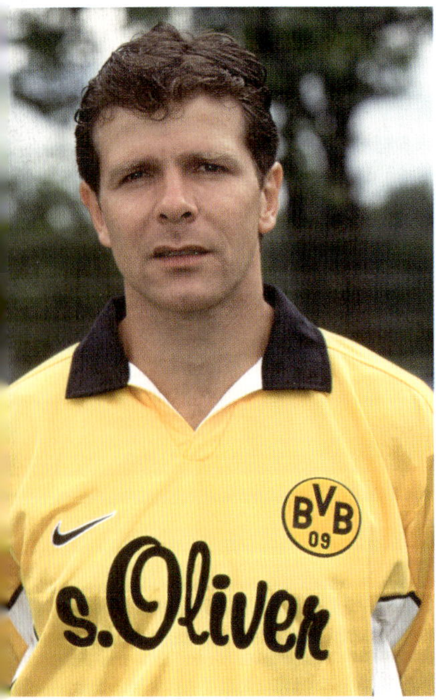

Andreas Möller wird geografische Unbekümmertheit unterstellt.

AHA!

Udo und Motzki, ein Fall für Zwei

In 300 Folgen kümmerte sich Josef Matula alias Claus Theo Gärtner in der TV-Kultserie „Ein Fall für Zwei" darum, Verbrechen aller Art aufzuklären. Im April 2000 wurde es bei Borussia Dortmund zwar nicht kriminell, aber es drohte der Abstieg. Und plötzlich hatte der BVB seinen eigenen Fall für Zwei.

Denn mit Udo Lattek, einem der erfolgreichsten Trainer aller Zeiten, und Ex-Spieler Matthias Sammer wurde kurzerhand ein Duo installiert, das die Mannschaft vor dem Gang in die zweite Liga retten sollte.

Die Rollen sind ziemlich klar verteilt. Lattek, mit all seiner Erfahrung als Motivationskünstler und im Umgang mit den Medien, soll Druck vom Team nehmen. Sammers Aufgabe als Perfektionist und „Motzki" vom Dienst ist es, sich vor allem um die taktische Vorbereitung zu kümmern. Der Plan geht auf, am Ende landet Dortmund sogar noch auf dem elften Rang. Nach etwas mehr als fünf Wochen ist Lattek wieder weg, Sammer übernimmt dauerhaft.

Für das kurze Engagement ließ sich der Trainerfuchs fürstlich entlohnen. Satte 500.000 DM musste der Verein damals auf den Tisch legen, unter anderem. Denn Lattek wusste genau, in welcher Not sich die Verantwortlichen befanden, und zögerte seine Zusage etwas hinaus. Als Schmankerl forderte er noch ein Auto wie jenes, das damals Gerd Niebaum fuhr, einen „dicken Mercedes, so wie der vom Präsidenten". Der legte auch den Boliden noch drauf und Lattek war endgültig überzeugt, erledigte seinen Job und kehrte danach an den Fernsehstammtisch zurück.

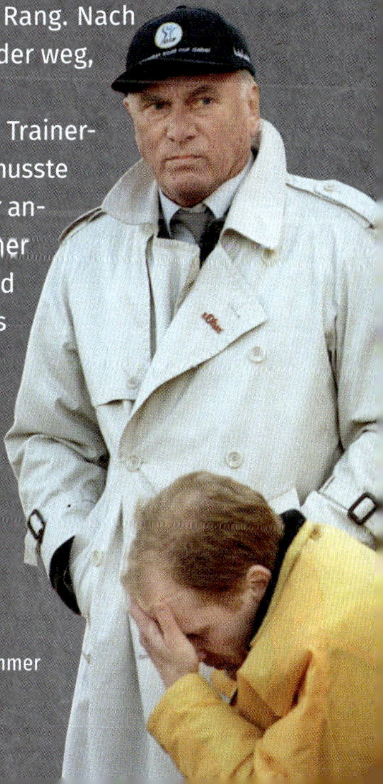

Udo Lattek und ein verzweifelter Matthias Sammer

Der Erzrivale

Sich mit dem größten Rivalen zu vergleichen, das mögen Fußballfans. Das gilt selbstredend auch für alle, die es mit Borussia Dortmund halten. Vor allem schneiden sie dabei meist ziemlich gut ab. Selbst den größten Erfolg der Schalker Vereinsgeschichte, den Triumph im UEFA-Cup 1997, konnte der BVB genau eine Woche später mit dem Sieg im Finale der Champions League toppen. Wurden die Gelsenkirchener wie 2011 Pokalsieger, gewann die Borussia in der gleichen Saison die Meisterschaft.

Die Nähe zueinander ist aber nicht zu verleugnen und auch sonst haben beide Clubs durchaus die ein oder andere Gemeinsamkeit. Der Ruhrpott vereint auf eine gewisse Art und Weise. Die Menschen sind direkt und ehrlich, aber auch verlässlich und harte Arbeiter. Da verwundert es nicht, dass beide Clubs sozusagen auf Kohle geboren wurden. Der Bergbau nimmt in der Historie beider Vereine einen wichtigen Platz ein. Den Kern der Fans bildeten über Jahrzehnte die Bergleute.

Natürlich gibt es auch etliche Anekdoten, die den BVB und S04 verbinden. So trug sich Schalkes Meisterelf von 1934 zunächst in das Goldene Buch der Stadt Dortmund ein. Nach dem Titelgewinn 1958 kam der Zug nach der Rückfahrt aus Hannover am Dortmunder Hauptbahnhof an. Damals war von der heutigen Rivalität nicht viel zu spüren. Mittlerweile werden Siege im Derby aber ganz besonders ausgiebig gefeiert, oder besser gesagt wurden. Denn durch den Abstieg des Erzrivalen findet das ewige Duell bei den Profis derzeit nicht mehr statt.

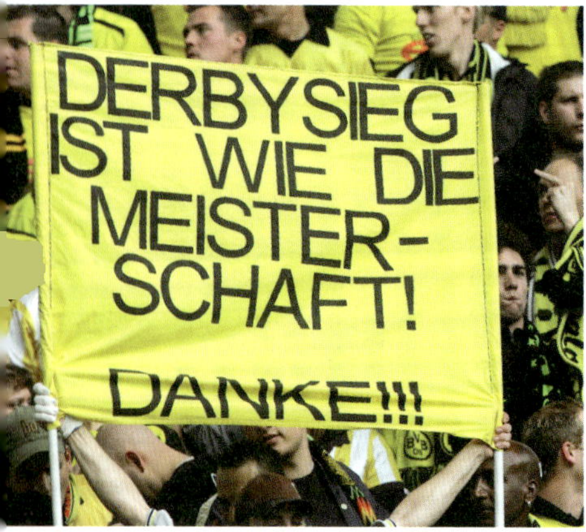

	Borussia Dortmund	FC Schalke 04
Gesamtmarktwert	679,60 Millionen	33,55 Millionen
Ewige Bundesliga-Tabelle	Platz 2	Platz 8
Nationale Titel	8 Mal Meister 5 Mal Pokalsieger 6 Mal Supercupsieger	7 Mal Meister 5 Mal Pokalsieger 1 Mal Supercupsieger
Internationale Titel	1 Mal Champions-League-Sieger 1 Mal Sieger im Europapokal der Pokalsieger 1 Mal Weltpokalsieger	1 Mal UEFA-Cup-Sieger
Stadien	Westfalenstadion, 81.365 Plätze	Veltins-Arena, 62.271 Plätze
Stadt	Dortmund, 614.495 Einwohner	Gelsenkirchen, 273.099 Einwohner
Mitglieder	218.500	ca. 193.000
Spitzname beim Rivalen	Lüdenscheid-Nord	Herne-West
Instagram-Follower	20,8 Millionen	1,3 Millionen

AHA!

Der letzte Kick

Es gab sie selten, aber wenn es sie gab, dann sind sie durchaus in Erinnerung geblieben: Die innerdeutschen Duelle im Europapokal zwischen Teams aus der BRD und der DDR, sie waren teilweise legendär.

In der Saison 1973/74 scheiterte Bayern München beinahe an Dynamo Dresden und hatte vor der Begegnung in Sachsen noch in Hof übernachtet, um mögliche Unwägbarkeiten im Keim zu ersticken. In der Spielzeit 1988/89 drehte Werder Bremen eine 0:3-Pleite beim Berliner FC Dynamo durch ein 5:0 noch um. Historisch eine viel größere Bedeutung hatte allerdings das Aufeinandertreffen im UEFA-Cup 1990/91 zwischen Borussia Dortmund und dem Chemnitzer FC. Der BVB gewann das Rückspiel im Osten mit 2:0, nachdem man sich vor heimischer Kulisse schon mit dem gleichen Resultat durchgesetzt hatte. Uninteressant, könnte man also meinen. Besonders machte die Partie in Chemnitz aber, dass sie am 2. Oktober 1990 ausgetragen wurde. Somit wurde der schwarzgelbe Auftritt beim CFC mit Toren von Thomas Helmer und Michael Rummenigge vor gut 11.900 Zuschauern zum letzten relevanten Sportereignis der DDR. Einen Tag später gab es das Land nicht mehr. Es war übrigens das einzige Mal, dass Borussia Dortmund sich im Europapokal mit einem Verein aus Ostdeutschland duellierte. In jeglicher Hinsicht also historisch.

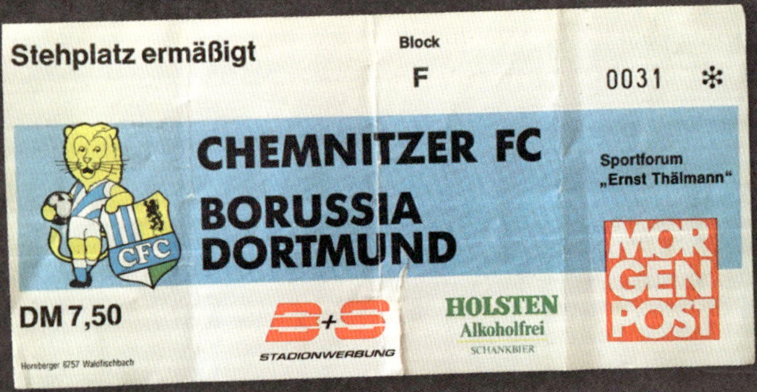

Eintrittskarte zum Spiel

Der Bart und das Loch

Was soll man eigentlich über Jürgen Klopp noch schreiben? Da ist sowieso alles gesagt. Er war bei der WM 2006 der TV-Trainer, führte den BVB zu zwei Meisterschaften, dem Double 2012 und ins Finale der Champions League, die er 2019 mit dem FC Liverpool gewann. Überall beliebt, fachlich anerkannt und menschlich respektiert.

Bestimmt hat auch „Kloppo" seine schwierigen Momente, aber sie treten selten zu Tage. Außer, ja außer wenn seine Emotionen durchgehen und er an der Seitenlinie völlig ausrastet.

Das spielte natürlich auch eine Rolle, als er nach seiner Zeit in Mainz auf der Suche nach einer neuen Herausforderung war. Und selbst beim Hamburger SV sollen sie ab und an eine durchaus gute Idee haben. Dietmar Beiersdorfer, damals Sportchef, wollte Klopp nämlich gerne an die Elbe holen. So ließ der Verein ihn beobachten und zum Beispiel prüfen, welchen Kleidungs-Stil ihn auszeichnete und wie sich der Vollgas-Coach in der Öffentlichkeit so gab.

Dessen Entscheidung für Hamburg war schon gefallen, aber als er von dieser Beschattung erfuhr, machte er umgehend einen Rückzieher. Der Verein wollte Klopp da aber schon längst nicht mehr. Der HSV konnte sich nicht mit der flapsigen Wortwahl gegenüber der Presse, seinen löchrigen Jeans sowie dem für ihn typischen Dreitagebart anfreunden. So konnte Klopp Dank des HSV in den nächsten sieben Jahren zu einer absoluten Legende von Borussia Dortmund werden.

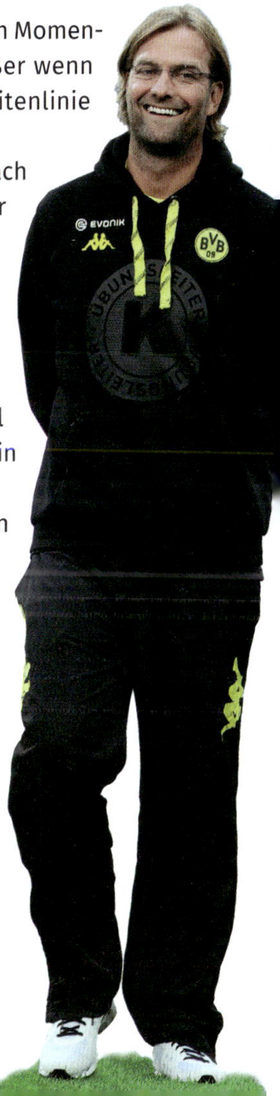

Jürgen Klopp gewohnt lässig

AHA!

Die Kobra hat Fortuna

Ein absoluter Topspieler war Jürgen Wegmann, den sie die „Kobra“ nennen, nie. Seinen Spitznamen hat er inne, seitdem er behauptete, dass er giftiger wie (!) die giftigste Schlange sei. Die Sache mit dem Vergleichspartikel war nicht seine, dafür konnte er ganz ordentlich kicken.

Dennoch waren die Anhänger des BVB natürlich nicht begeistert, als kurz vor der Abstiegsrelegation 1986 bekannt wurde, dass er den Verein in Richtung Schalke verlassen würde. Das Hinspiel bei Fortuna Köln geht mit 0:2 verloren. Um ein Entscheidungsspiel zu erzwingen, musste im Rückspiel mindestens ein Sieg mit zwei Toren Differenz her.

Die 54.000 Zuschauer im proppenvollen Westfalenstadion erlebten an diesem Pfingstmontag eine Partie, die an Dramatik kaum zu überbieten war. Die Borussia gerät in Rückstand, kann aber erst ausgleichen und dann in Führung gehen. Es steht 2:1, es fehlt noch ein Tor. Die Nachspielzeit läuft schon, als Kölns Torhüter einen Schuss nicht abwehren kann und Wegmann den Abstauber über die Linie bugsiert. 3:1. Es ist die letzte Aktion des Spiels, der Abstieg vorerst abgewendet. Das anschließende Entscheidungsspiel, damals vom Regelwerk noch vorgesehen, gewinnt Dortmund leicht und locker mit 8:0, die „Kobra“ jedoch wird durch seinen Treffer in der zweiten Begegnung zum Retter.

In Erinnerung bleibt er aber vielmehr für seinen bekanntesten Spruch: „Zuerst hatten wir kein Glück, und dann kam auch noch Pech dazu.“

Interessante Randnotiz: Bis heute ist er der einzige Feldspieler, der jemals beim BVB, auf Schalke und bei den Bayern gespielt hat.

Die Hallenkönige

Wenn sich bei knallender Sonne und hohen Temperaturen die Spieler den Ball gefühlt nur hin- und herschieben, spricht man häufig vom „lauen Sommerkick". Dann wird auch gerne mal gepfiffen. Wenn aber im Winter vor den Ball getreten wird, ist Unterhaltung garantiert. Von Ende Dezember bis Anfang Januar rollt regelmäßig in der Halle der Ball, dann sind auch die Fans den Stars ganz nah. Vor allem in den 1990ern war der Fußball unterm Dach in Deutschland eine große Nummer und diente als wichtige Einnahmequelle für die Vereine.

Die Turniere waren bei den Zuschauern so beliebt, dass der DFB das sogenannte Hallen-Masters ins Leben rief. Fand die Finalveranstaltung 1987, damals noch inoffiziell, in Stuttgart und im Jahr darauf in Frankfurt am Main statt, wurde der Champion von 1988 bis 2001 (ab 1997 dann DFB-Hallenpokal) entweder in der Olympiahalle in München oder der Dortmunder Westfalenhalle ermittelt. Die Clubs mussten sich bei kleineren Turnieren erst qualifizieren. So konnten auch unterklassige Vereine den Großen das ein oder andere Bein stellen.

Bei offiziellen Partien gibt es natürlich auch Siegerlisten und Rekorde. Und da kommt nun der BVB ins Spiel. Insgesamt zwölf Vereine wurden Hallenmeister, beispielsweise der Hamburger SV, Werder Bremen oder Bayer Leverkusen. Aber keinem Club gelang es mehr als ein Mal den Pokal in die Höhe zu stemmen, mit einer Ausnahme: Borussia Dortmund. Vier Mal war Schwarzgelb nicht zu schlagen und von 1990 bis 1992 gelang sogar der Titel-Hattrick. Der letzte Erfolg kam schließlich 1999 hinzu.

Da eine Neuauflage des Formats in der heutigen Zeit auszuschließen ist, bleibt der BVB hier also auf ewig Rekordmeister. Dem FC Bayern München und dem FC Schalke 04 gelang ein Triumph in der Halle übrigens nie.

Toxische Verhältnisse

Es ist die Aussage, die für Michael Meier steht wie keine zweite. „Wir investieren in Steine und Beine“, sagt er am 31. Oktober 2000, ein besonderer Tag in der Geschichte von Borussia Dortmund. Denn an diesem Tag geht der Verein an die Börse, es ist ein radikaler Schritt. Er soll es dem Club ermöglichen, die sportlichen Erfolge der 90er Jahre mit zwei Meisterschaften und dem Gewinn der Champions League fortzusetzen.

Zunächst scheint die Entscheidung goldrichtig zu sein. Der Ausgabekurs liegt bei 11 Euro und satte 13,5 Millionen Aktien spülen mal eben 130 Millionen Euro in die Kassen des Clubs. Emissionserlös nennt man das, die Börse boomt und der BVB profitiert. Doch die Börse ist ein riskantes Spiel, das schwer berechenbar ist. Schon am ersten Handelstag schließt die Aktie knapp 8,5 Prozent unter dem Ausgabewert; der Börsenwert sinkt um 13 Millionen Euro.

Doch Präsident Dr. Gerd Niebaum und Meier klotzen, es werden weiter fertige Spieler verpflichtet. Die Ausgaben häufen sich aber immer mehr an, das Risiko wird immer größer. Zwar wird der BVB 2002 nochmal Meister, danach aber bleibt der Erfolg aus. Die Borussia gerät in eine Abwärtsspirale, die Folgen sind drastisch. Der Schuldenberg wächst, der Aktienwert sinkt. Toxische Verhältnisse an der Strobelallee, der Riese wankt.

Meier und Niebaum haben längst den Blick für die Realität verloren. Hans-Joachim Watzke ist 2003 der Schatzmeister des Clubs und ahnt nichts Gutes, ein Jahr später wird die Luft so richtig dünn. Auf der Bilanzpressekonferenz muss der Verein Verbindlichkeiten von mehr als 100 Millionen Euro vermelden, die Situation ist existenzbedrohend. Mensch Meier kann man da nur sagen. Im Februar 2005 übernimmt Watzke und kann mit seinem Team die Insolvenz abwehren. Gerade so.

Brachten den BVB an den Rand des Ruins: Dr. Gerd Niebaum (u.) und Michael Meier (auf der Videowand) bei der Jahreshauptversammlung 2004

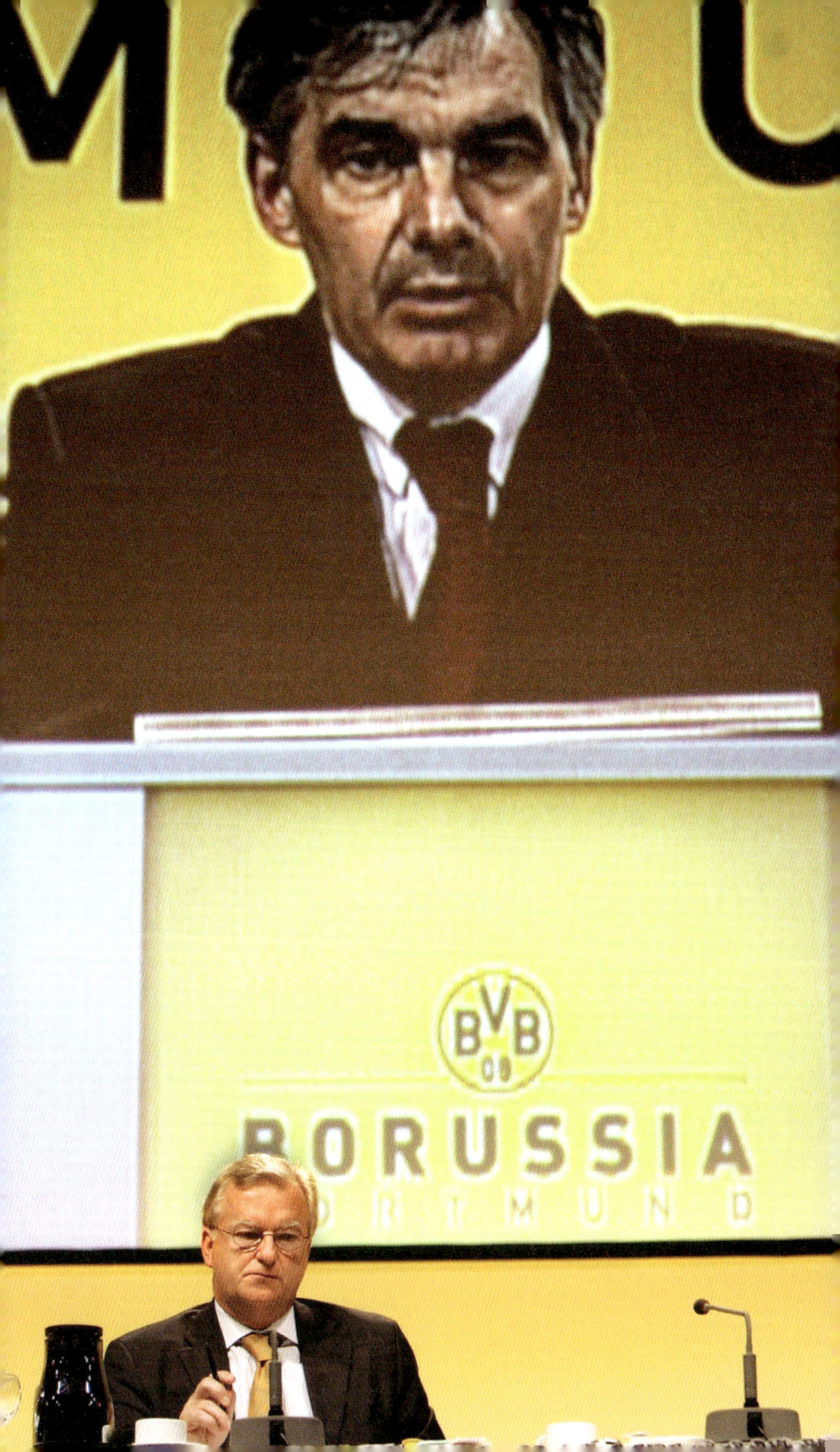
BVB
BORUSSIA

AHA!

Der Mann mit dem Trenchcoat

Er ist immer noch der erfolgreichste Trainer, der jemals bei Borussia Dortmund auf der Bank gesessen hat. Im Sommer 1991 kommt er mit etlichen Titeln dekoriert aus der Schweiz nach Deutschland und tritt beim BVB die Nachfolge von Horst Köppel an.

In der Saison 1993/94 gelingt international der Sprung ins Viertelfinale. Auf dem Weg dahin muss Borussia Dortmund gegen Brøndby Kopenhagen ran. Beim üblichen Spaziergang vor dem Hinspiel in Dänemark Ende November hat Torjäger Stéphane Chapuisat seine Jacke vergessen. Der „General“, wie er aufgrund seiner Sachlichkeit oft genannt wird, hat Sorge um seinen Stürmer. „Bodo, gib dem Chappi mal Deine Jacke“, ordnet er an. Gemeint war Abwehrhaudegen Bodo Schmidt. Der lief fortan frierend durch Kopenhagen, aber wer hätte Hitzfeld jemals widersprochen?

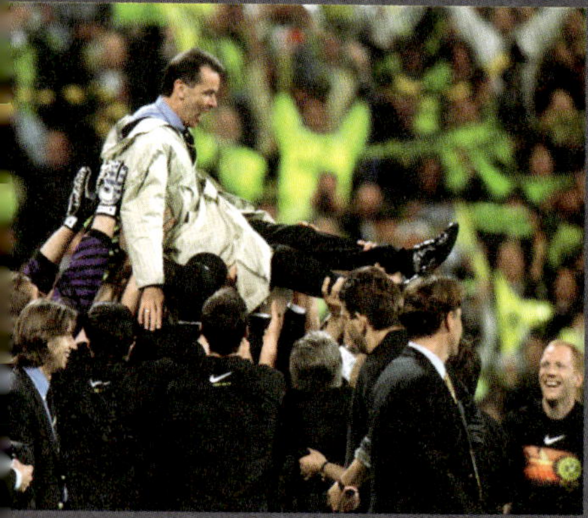

Ottmar Hitzfeld im beigen Trenchcoat

Er selbst setzt auf den Trenchcoat. Er wird zu seinem Markenzeichen. Mit dem BVB gewinnt der Lörracher zwei Meistertitel, die Champions League sowie zwei Mal den Supercup. Seine Trainerlaufbahn kommt ein wenig aus Verärgerung zustande. Nach seiner aktiven Karriere, will er das Referendariat für die Realschule mit den Fächern Mathematik und Sport beginnen. Doch das Staatliche Schulamt verlangt eine zusätzliche Nachprüfung.

Der Bürokratie ist es also unter anderem zu verdanken, dass Hitzfeld später auch beim BVB anheuert und einen Titel nach dem anderen abräumt.

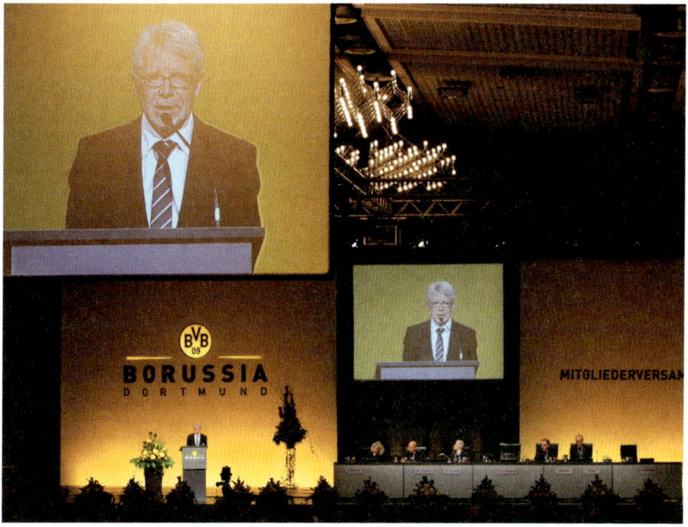

Der gefühlt ewige Präsident

Rekord-Reinhard, so könnte man Reinhard Rauball auch nennen. Er ist eines der Gesichter des Vereins, seit November 2022 erster Ehrenpräsident.

In einer schwierigen Phase übernahm er am 14. November 2004 das Amt des Präsidenten und gilt mit seiner ruhigen und besonnenen Art als eine der Schlüsselfiguren des Aufschwungs der letzten 20 Jahre. Aber Rauball hatte diese Rolle nicht nur ein Mal inne, sondern war in seiner ersten Amtszeit von 1979 bis 1982 mit nur 32 Jahren jüngster Präsident der Bundesligageschichte. Von 1984 bis 1986 war er ebenfalls das Vereinsoberhaupt.

Für Rekorde dieser Art hat der Club übrigens ein Händchen. Borussia Dortmund stellt auch den jüngsten Torschützen, den es in der Bundesliga bislang gab. Youssoufa Moukoko traf im Alter von 16 Jahren und 28 Tagen am 18. Juni 2020 bei Union Berlin ins Schwarze. Der bisher jüngste Meistertrainer der Ligageschichte ist Matthias Sammer. Er war 2002, als er den BVB zum Titel führte, 34 Jahre alt.

Die „Großmutter aller Schwalben“

Er hätte sich selber schützen wollen, sagte Andreas Möller, als er im April 1995 im Westfalenstadion durch den Strafraum des Karlsruher SC flog und die „Mutter aller Schwalben“, wie sie im Nachgang oft tituliert wurde, dem BVB auf dem Weg zur Meisterschaft nicht nur einen Elfmeter einbrachte, sondern auch zwei wichtige Punkte.

Wut und Hass in Richtung des Spielmachers waren damals die Folge, nachdem er gegen die Badener schneller abgehoben hatte als eine Boeing 747. Der Betrugsversuch war aber so offensichtlich, dass Möller sogar gesperrt wurde. Das gleiche Schicksal wie die Karlsruher hatte die Borussia aber einige Jahre zuvor selbst getroffen, allerdings mit weitaus größeren Folgen. Ganze 19 Spiele ohne Niederlage spülten den BVB in der Saison 1991/92 direkt in das Titelrennen, doch dann kam Christian Wück. Oder besser gesagt, er flog. Den fälligen Strafstoß verwandelte Sergio Zárate, es setzte eine 1:2-Niederlage für das Team von Ottmar Hitzfeld beim 1. FC Nürnberg (am 3. April 1992) und am Ende der Saison wurde die Borussia hinter dem VfB Stuttgart nur Zweiter, aufgrund der schlechteren Tordifferenz. Das Vergehen von Wück blieb ungeahndet, er kam trotz der „Großmutter aller Schwalben“ mit einem blauen Auge davon. Die schwarzgelben Anhänger mussten noch drei Jahre warten, bis sie endlich wieder eine Meisterschaft feiern konnten.

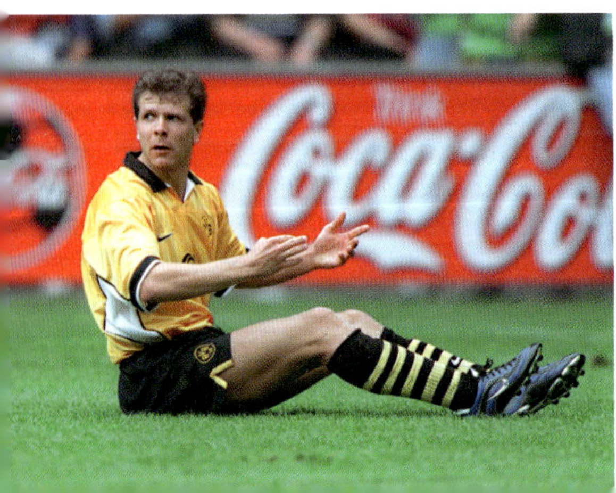

Andreas Möller sitzt auf dem Rasen und fordert …

„Herr Pieper bitte, Herr Pieper!"

Wäre dieses Buch ein Social-Media-Kanal, dann müsste bei diesem Kapitel wahrscheinlich der Hashtag #Werbung angeführt werden. Aber es ist eben eine amüsante Anekdote, die ganz bestimmt nicht fehlen sollte. Denn wer schon einmal das Glück hatte, bei einem internationalen Spiel (oder im DFB-Pokal) im Westfalenstadion zu weilen, der wird es schon mitbekommen haben.

Gegen Mitte der zweiten Halbzeit wurde Herr Pieper jahrelang zum Infostand an der Nordtribüne gebeten. Immer, bei jeder Begegnung. Kann das Zufall sein? Geht es der Verwandtschaft des guten Mannes so schlecht oder kennen sie sich nach all den Jahren im Dortmunder Fußballtempel immer noch nicht aus?

Natürlich nicht. Denn die Kette „Stadtparfümerie Pieper" ist einer der zahlreichen Sponsoren des Vereins und präsentiert bei den Partien in der Bundesliga die Zuschauerzahl. In der Champions League oder dem Pokal ist das aber nicht erlaubt, weil es die Regularien nicht zulassen, das Geld geben andere. Also wurde Herr Pieper zum Infostand gebeten und wie der Zufall so wollte, es muss wirklich Zufall gewesen sein, wurde kurz danach die Zuschauerzahl bekannt gegeben. Ein wenig hat sich dieses Prozedere mittlerweile gewandelt. Durch einige Veränderungen an den Eingängen zum Stadion gibt es den besagten Infostand nicht mehr, er wurde abgebaut und eingelagert. Nun muss der Eingang zum „Borusseum", dem vereinseigenen Museum, als Treffpunkt herhalten. Dort fanden sich zu Beginn auch gerne mal mehrere Herren ein, die allesamt auf den Namen Pieper hörten. Aber dieses Missverständnis hat sich mittlerweile dann doch geklärt.

Das falsche Heimspiel

Wenn man in Dortmund geboren ist und als Fußballprofi für den BVB auflaufen darf, dann muss das für viele ein absoluter Kindheitstraum sein.

Dass aus der Verbindung zwischen der Borussia und Bernd Krauss aber nie die große Liebe wurde, hat definitiv Gründe. Im zarten Alter von 19 Jahren schaffte er in der Saison 1976/77 den Sprung in den Kader der ersten Mannschaft. Am 33. Spieltag sollte Krauss dann auch endlich sein Debüt geben.

Die Vorfreude war also entsprechend groß. Doch aus dem Traum sollte eine Art Albtraum werden. Denn Maulwürfe hatten den Rasen im Westfalenstadion unbespielbar gemacht, der BVB konnte die Partie nicht in Dortmund austragen. Und wo wurde die Begegnung ausgetragen? Richtig, im Parkstadion Gelsenkirchen. Krauss wurde in der 74. Minute beim Stand von 1:1 für Wolfgang Vöge eingewechselt. Es kam, wie es kommen musste: Durch ein Gegentor kurz vor Schluss verlor Dortmund mit 1:2. Diese 16 Minuten sollten die einzigen von Krauss im BVB-Trikot bleiben.

Viele Jahre später hätten die Verantwortlichen es besser wissen müssen, als Krauss in anderer Funktion zum Verein zurückkehrte. Am 6. Februar 2000 übernahm Krauss, für ganze 67 Tage! Insgesamt saß er 13 Mal als Verantwortlicher auf der Bank, davon elf Mal in der Bundesliga. Nach einer 1:3-Pleite zuhause gegen Unterhaching war die Ära Krauss schon wieder zu Ende.

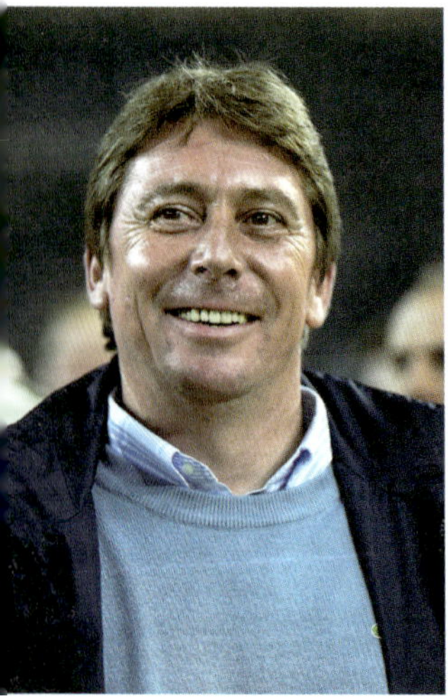

Bernd Krauss
als Trainer

Maskottchen Emma

Sie sind beliebt bei Groß und Klein, sorgen für gute Stimmung und haben oft den Schalk im Nacken: Maskottchen. Natürlich hat auch Borussia Dortmund ein solches, das auf den Namen Emma hört. Der kommt nicht von ungefähr. Lothar Emmerich, einst BVB-Torjäger vom Dienst und eine der größten Vereinslegenden, wurde ebenfalls „Emma" genannt.

Das Verhältnis des Maskottchens zum großen Rivalen aus dem Süden ist angespannt, um es mal freundlich zu formulieren. Als der BVB Bayern München im April 2012 zum Spitzenspiel empfängt, kommt es zum Skandal. Am Mannschaftsbus der Bayern will Emma den Luftdruck des Reifens überprüfen, wie der Verein hinterher wissen lässt. Die Vermutung liegt aufgrund von Fotoaufnahmen allerdings nahe, dass es sich eher um die Erledigung eines kleinen Geschäfts handelt, natürlich nur angedeutet.

Ein Irrglaube ist übrigens, dass der Biene von Norbert Dickel und Karel Gott sogar eine Neufassung der Titelmusik von „Die Biene Maja" gewidmet wurde. Der Dortmunder Stadionsprecher und der tschechische Schlagersänger produzierten bereits 1996 ein Stück mit dem Namen „Schwarzgelb – wie Biene Maja", das als mögliche Vereinshymne angedacht war. Doch das Lied geriet schnell in Vergessenheit.

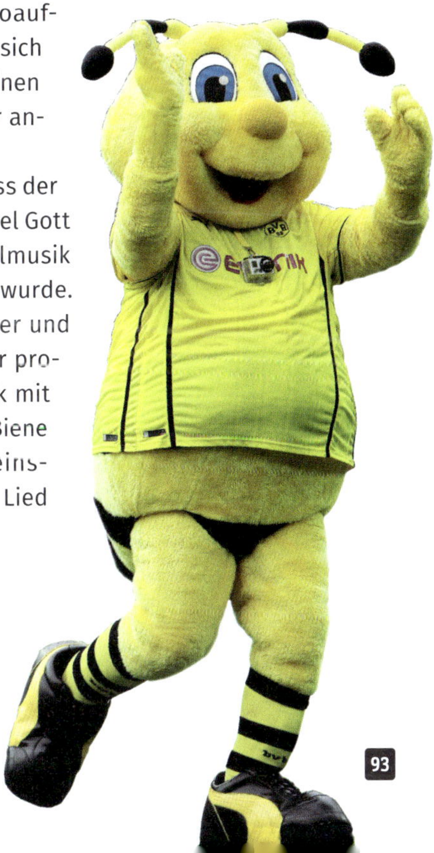

Emma heizt den Fans ein.

AHA!

Assauer-Lichtspielhaus

Niemand verkörpert wohl so sehr Borussia Dortmund und Schalke 04 in einer Person wie Rudolf Assauer. „Rudi“ war zunächst Spieler beim BVB, insgesamt sechs Jahre zwischen 1964 und 1970, gewann den DFB-Pokal und auch den Europapokal der Pokalsieger.

Später trainierte er zwei Mal kurz den großen Rivalen, vor allem aber war Assauer in Gelsenkirchen als Manager erfolgreich. Dort führte er die Blauen zu einigen Pokalsiegen, dem Erfolg im UEFA-Cup 1997, und war maßgeblich für den Bau der neuen Arena verantwortlich. Trotz seines Engagements auf Schalke blieb er aber BVB-Vereinsmitglied und wurde 2010 sogar für seine 40-jährige Mitgliedschaft geehrt.

Das sind teilweise durchaus bekannte Fakten. Der Name Assauer hat aber noch eine ganz andere Verbindung zu Dortmund, insbesondere zum Borsigplatz. Heinrich Assauer war Kaufmann und ließ Ende 1928 ein Lichtspielhaus, also ein Kino, in unmittelbarer Nähe des BVB-Geburtshauses errichten. Eröffnet wurde es am 31. August 1929 als „Assauer Lichthaus“, aber beim Bombenangriff auf Dortmund am 6. Dezember 1944 weitestgehend zerstört. Da lebte Heinrich schon nicht mehr. Einer der Erben war ein älterer Bruder von Rudolf. Nach dem Wiederaufbau wurde das Lichtspielhaus noch bis 1964 weitergeführt, dann aber geschlossen. Genau in dem Jahr, in dem Rudi Assauer sein Debüt für den BVB gab.

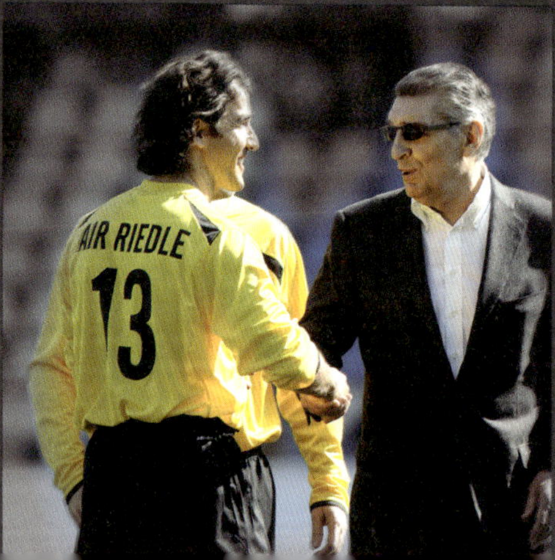

Rudi Assauer (r.) mit Karl-Heinz Riedle

Ein Kick für den guten Zweck

Wenn jemand in Not ist, dann wird gerne geholfen, zum Glück nicht erst seit gestern. Der Fußball nimmt da immer wieder eine tragende Rolle ein.

Franz Jacobi, der Gründervater des BVB, hatte noch während des Ersten Weltkriegs seinen 30. Geburtstag gefeiert. Mit dabei war sein Cousin Werner, der einen mehrjährigen Fronteinsatz hinter sich hatte und Präsident des TV Neheim war. Bei ein paar Gläsern Bier unterhielten sie sich über das ganze Elend und schmiedeten einen Plan: Bei einem Fußballspiel sollten die Einnahmen gesammelt und den Familien einiger Kriegsheimkehrer gespendet werden.

Damals war das aber alles andere als einfach, viele Hürden waren zu überwinden. So mussten Lastwagen organisiert werden, und im Sauerland waren Sozialisten nicht sonderlich beliebt. Doch schlussendlich funktionierte alles und Jacobi übergab das Geld am 4. Advent 1919 an Theodor Lepper, dem zweiten Priester der Dreifaltigkeitskirche in der Flurstraße. Der Pfarrer konnte seine Freude über die 2.500 Reichsmark nicht verbergen und öffnete mit folgenden Worten eine Flasche Rotwein: „Heute ist der 4. Advent 1919. Genau vor zehn Jahren hast Du, Franz, mit Deinen Freunden den BVB gegründet. Darauf und auf Eure großherzige Spende wollen wir anstoßen. Zum Wohle!"

Zusammen suchten sie dann 25 Familien, die besonders bedürftig wahren. Sie erhielten passend zum Weihnachtsfest jeweils einen Umschlag mit 100 Mark als Geschenk. So hatte der BVB nicht nur das allererste Benefizspiel der Geschichte des deutschen Fußballs durchgeführt, sondern damit viele Menschen enorm glücklich gemacht.

Brüder und Namensvetter

„11 Freunde müsst ihr sein!“, hieß es früher. Heute würde man vielleicht in der gängigen Jugendsprache von Brüdern sprechen. Einige echte Brüder sind jedenfalls schon für Borussia Dortmund aufgelaufen.

Die ersten waren Herbert und Werner Erdmann als Teil der Mannschaft, die 1949 das Endspiel um die Deutsche Meisterschaft erreichte. Mirko und Josef Votava schnürten in den 1970ern die Schuhe für den BVB. Nur zwei Partien absolvierte Hans-Jürgen Kurrat für die Profis. Dessen älterer Bruder Dieter „Hoppy“ Kurrat dagegen zählt zu den größten Ikonen des Vereins. Er spielte 612 Mal für seinen Herzensverein, wurde Meister und Pokalsieger und gewann 1966 auch den Europapokal.

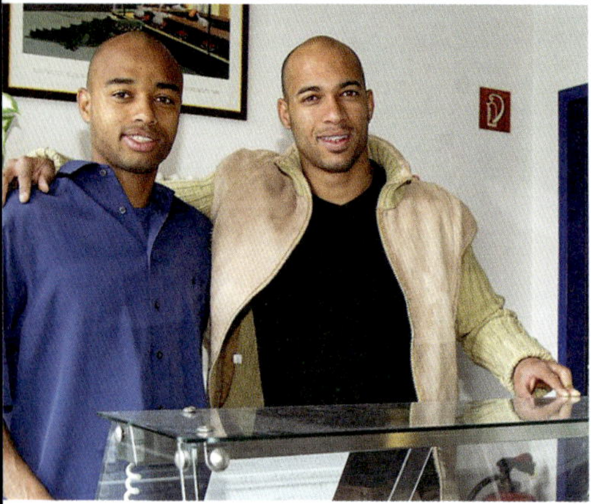

Brüderlich vereint: Leandro und Dedê (r.)

In der jüngeren Vergangenheit, nämlich in den 2000ern, standen Christoph und Malte Metzelder sowie Dedê und Leandro beim BVB unter Vertrag. Nie gemeinsam bei den Profis auf dem Feld traten übrigens die Götze-Brüder vor den Ball. Nur Mario schaffte es in die erste Mannschaft, Felix spielte bei der Zweiten, ehe er den Verein verließ. Fabian war in der Jugend für die Borussia aktiv, kickte nur kurz bei den Amateuren.

Nicht verwandt oder verschwägert, wie es so schön heißt, waren übrigens Willi und Manfred Burgsmüller. Auch René, Werner und Theo Schneider hatten nur den Nachnamen gemeinsam.

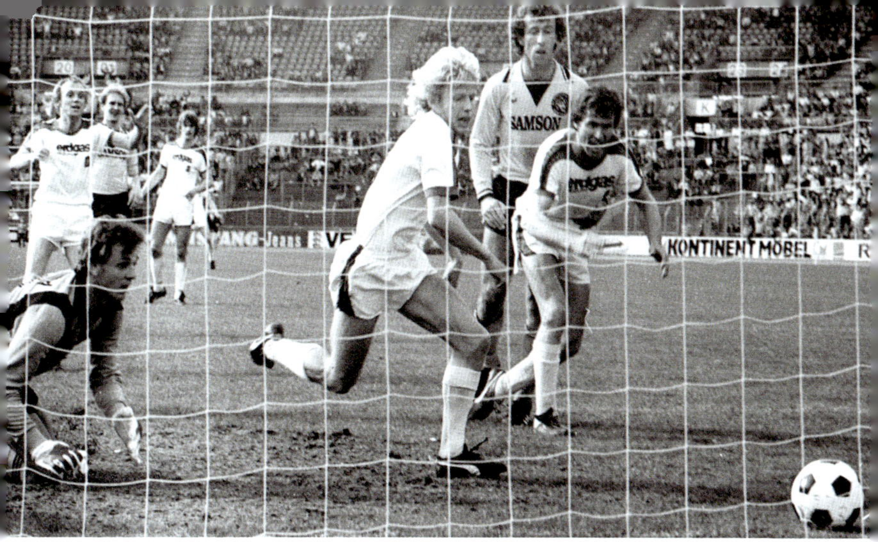

Mittendrin im Desaster: Torhüter Peter Endrulat

Zur falschen Zeit am falschen Ort

„Besser ein Mal 0:5 als fünf Mal 0:1!“ Das ist das Credo vieler Trainer und Spieler, wenn es mal wieder eine deftige Pleite setzte. Aber das wird Peter Endrulat am 29. April 1978 wohl nicht im Kopf gehabt haben, als er bei der höchsten Niederlage der Bundesliga-Historie zwischen den Pfosten des BVB stand.

Mit 0:12 gingen die Schwarzgelben bei Borussia Mönchengladbach an diesem Nachmittag unter. Dadurch wären die Fohlen sogar fast noch am 1. FC Köln vorbeigezogen, der punktgleich mit der besseren Tordifferenz aber am Ende doch ganz oben in der Tabelle stand und Meister wurde. Es war nämlich der letzte Spieltag der Saison und auch das letzte Mal, dass Endrulat für die Dortmunder auflief. Besonders bitter vor allem, weil er an diesem geschichtsträchtigen Tag nur den verletzten Stammtorhüter Horst Bertram vertrat. Ein Spiel in der Bundesliga absolvierte er danach übrigens nie wieder. Zuvor hatte Endrulat bei Schalke 04 gespielt. Ein Schelm, wer Böses dabei denkt …

AHA!

Die Kasse klingelt

Dass bei einer Kommanditgesellschaft auf Aktien, kurz einer KGaA, das Geld eine ganz besonders große Rolle spielt, ist offensichtlich. Und allerspätestens ist das seit dem 31. Oktober 2000 auch bei Borussia Dortmund der Fall, denn genau an diesem Tag ging der Verein an die Börse. Satte elf Euro kostet die BVB-Aktie zum Ausgabewert, danach beginnt eine Talfahrt. 2009 sinkt der Kurs auf den bisherigen Tiefststand und beträgt gerade mal 80 Cent, die Presse schreibt von „Ramschpapier". Doch dann geht es unter Jürgen Klopp steil bergauf. Er entwickelt ein Team, das Freude macht und den Aktienkurs steigen lässt. Durch die neu entfachte Euphorie im Umfeld klingelt die Kasse der Schwarzgelben.

Schon 2012 wird erstmals eine Dividende ausgeschüttet und zwei Jahre später verkündet Hans-Joachim Watzke, dass der Club keine Finanzverbindlichkeiten mehr hat. Für den Geschäftsführer ist der sportliche Erfolg die Basis für die Sanierung. In der Folgezeit können zudem zahlreiche Spieler mit großen Gewinnspannen verkauft werden. Erster Abnehmer ist die englische Premier League, wo die Geldtöpfe besonders gut gefüllt sind. Gleich fünf der sieben teuersten Spieler werden auf die Insel transferiert. Ebenfalls interessant ist die Tatsache, dass die vier wertvollsten Akteure beim Verkauf maximal 21 Jahre alt sind.

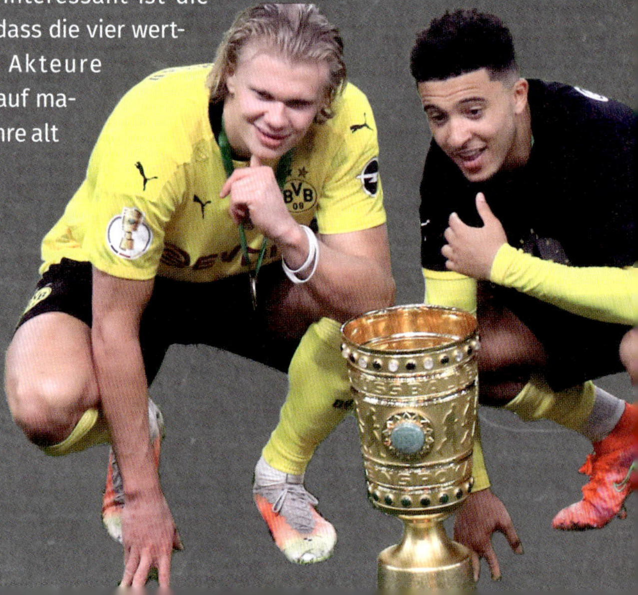
Brachten viel Geld in die Kasse: Erling Haaland und Jadon Sancho, hier nach dem DFB-Pokalsieg 2021

DIE 20 HÖCHSTEN TRANSFERERLÖSE SEIT 2015:

Ousmane Dembélé	135 Millionen Euro (FC Barcelona)
Jude Bellingham	113 Millionen Euro (Real Madrid)
Jadon Sancho	85 Millionen Euro (Manchester United)
Christian Pulisic	64 Millionen Euro (FC Chelsea)
Pierre-Emerick Aubameyang	63,75 Millionen Euro (FC Arsenal)
Erling Haaland	60 Millionen Euro (Manchester City)
Henrikh Mkhitaryan	42 Millionen Euro (Manchester United)
Mats Hummels	35 Millionen Euro (Bayern München)
Abdou Diallo	32 Millionen Euro (Paris St. Germain)
Ilkay Gündogan	27 Millionen Euro (Manchester City)
Niclas Füllkrug	27 Millionen Euro (West Ham United)
Donyell Malen	25 Millionen Euro (Aston Villa)
Paco Alcacer	23 Millionen Euro (FC Villareal)
Manuel Akanji	20 Millionen Euro (Manchester City)
Julian Weigl	20 Millionen Euro (Benfica Lissabon)
Andriy Yarmolenko	20 Millionen Euro (West Ham United)
Maximilian Philipp	20 Millionen Euro (Dynamo Moskau)
Matthias Ginter	17 Millionen Euro (Borussia Mönchengladbach)
Sokratis	16 Millionen Euro (FC Arsenal)
Alexander Isak	15 Millionen Euro (Real Sociedad)

AHA!

Ente mal süß, oft sauer!

Als Willi „Ente" Lippens, der seinen Spitznamen seinem entenähnlichen Laufstil zu verdanken hatte, im Sommer 1976 nach 186 Toren (davon 79 in der ersten Bundesliga) in 327 Spielen für Rot-Weiss Essen zum BVB wechselte, da waren die Erwartungen groß.

Er gehörte definitiv zu den besten Fußballern, die Deutschland damals zu bieten hatte. Dabei absolvierte er sein einziges Länderspiel aber für die Niederlande, dem Heimatland seines Vaters. Der hatte ihm nämlich angedroht, dass er „nicht mehr nach Hause kommen muss", wenn er für die DFB-Elf auflaufen würde. Sein Vater war im Zweiten Weltkrieg Opfer der Nationalsozialisten geworden. Seine Zeit in Schwarzgelb hielt aber nicht das, was sie versprach. In zwei Jahren kam er in 70 Spielen auf magere 13 Tore. Aus Dortmund ging es für ihn kurzzeitig in die USA zu Dallas Tornado, ehe er nach Deutschland zurückkehrte und sich RWE anschloss.

Lippens blieb aber nicht die einzige Ente in der Vereinsgeschichte. „Was soll ich denn mit dem?" Harte Worte waren es, die Trainer Horst Köppel damals verloren haben soll, als das erste Mal Neuzugang Patricio Germán Margetic beim Training auftauchte. Der Argentinier, der auf den Spitznamen „Pato" hörte, was übersetzt Ente bedeutet, war ein ausgewiesener Torjäger. Das Problem dabei: Seine Treffer erzielte er größtenteils in der Halle. Unter dem Dach war er in den USA, wo Indoor Soccer damals eine richtig große Nummer war, kaum zu stoppen. Aber die Sache mit dem großen Feld unter freiem Himmel, die sollte nicht wirklich funktionieren. Nach zwei Pflichtspielen in der Saison 1988/89, einem in der Bundesliga und einem im DFB-Pokal, ging es für ihn wieder in die Vereinigten Staaten. Zwischen 1979 und 1999 erzielte Margetic über 300 Treffer, bei immerhin zehn Stationen. Ein Wandervogel eben. Oder besser gesagt: eine Wanderente.

Mozart und andere Spitznamen

Dass Fans, Medien und Mitspieler den Stars auf dem Rasen gerne Spitznamen verleihen, ist keine Seltenheit. Dass Siegfried Held daher „Siggi“, Stéphane Chapuisat meist „Chappi“ und Roman Weidenfeller oft „Weide“ genannt werden, liegt auf der Hand. Aber es gibt auch Spitznamen, deren Herleitung nicht ganz so offensichtlich ist. Wie zum Beispiel im Fall von Tomáš Rosický, der Anfang 2001 zum BVB kommt. Mit seinen damals 20 Jahren ist er nicht nur enorm jung, sondern auch ein absolutes Leichtgewicht. Der Tscheche ist spindeldürr. Das bereitet so manchem Fan Sorgen und so heißt es dann: „Hömma, iss mal ein paar Schnitzel!“ Zack, ist Rosickýs Spitzname geboren. Es ist allerdings ein Irrglaube, dass die BVB-Anhänger ihn so getauft hätten. Der Boulevard bedient sich nämlich hauptsächlich dieser Bezeichnung. Mit „Mozart“ etabliert sich aber bald ein anderer Spitzname für den einstigen Dirigenten des Dortmunder Mittelfelds. Folgende Auflistung zeigt, dass die Fußballwelt durchaus kreativ sein kann.

Spitznamen – Namen
Manni – Sven Bender
Jockel – Helmut Bracht
Hoppey – Dieter Kurrat
Charlie – Jürgen Schütz
Susi – Michael Zorc
Teddy – Wolfgang de Beer
Kobra – Jürgen Wegmann
Stoffel – Stefan Klos
Motzki – Matthias Sammer
Air – Karl-Heinz Riedle
Heintje – Andreas Möller
Kokser – Jürgen Kohler
Mozart/Schnitzel – Tomáš Rosický

Die „Erbse“ und der Walzer

Manche Geschichten, die das Leben so schreibt, sind mehr als nur kurios. So auch die von der „Erbse“ und dem Walzer. „Erbse“ war eigentlich Peter Erdmann und verstarb 2017 im Alter von 66 Jahren in Thailand. Aber durch den „BVB-Walzer“ ist er bei den schwarzgelben Fans unsterblich geworden. Das Lied, das bei den Heimspielen regelmäßig gesungen wird, geht nämlich auf ihn zurück.

Doch wie kam es dazu? Es ist der 30. Dezember 1976, als die Zuschauer auf der Abschlussfeier eines Hallenturniers in der Westfalenhalle Schlagerstar Roberto Blanco eiskalt ausbuhen. Doch der BVB hat Glück, denn Erdmann springt spontan ein und sein Vortrag des „BVB-Walzers“ bringt die Halle zum Kochen.

Die Textzeilen wie „Ist die Meisterschaft geschafft, zieh’n wir hin zum Borsigplatz“ auf die Melodie des Schneewalzers sind jedem auf der Südtribüne bekannt und zusammen mit „Heja BVB“ wohl der älteste schwarzgelbe Fangesang.

Erdmann gehörte übrigens zu den ersten Gründern eines BVB-Fanclubs und war sogar Vorsänger auf der „Süd“. Doch nachdem Hooligans unter anderem mehrfach seine Kneipe „Zum Kügelchen“ zerstörten, verließ er 1987 frustriert die Stadt. Nach 25 Jahren kehrte er aber in die BVB-Familie zurück und trat sogar bei verschiedenen Veranstaltungen auf. So kam wieder zusammen, was zusammen gehörte: Die „Erbse“, sein Walzer und Borussia Dortmund.

Was darf's sein?

Es gibt viele Betätigungsfelder für ehemalige Profis, die einem spontan in den Kopf kommen. Klar, da wäre vor allem der Job des Trainers zu nennen. Manch einer landet auch in den Medien und mimt den Experten. Andere wiederum leiten eine Fußballschule oder sind als Manager bei einem Verein tätig. Das ist bei den Ex-Borussen nicht anders, prominenteste Beispiele sind neben Michael Zorc und Sebastian Kehl Namen wie Stefan Reuter, Karlheinz Riedle oder Steffen Freund.

Komplett anders verläuft aber die Karriere nach der Karriere für Giuseppe Reina, von allen nur „Billy“ genannt. Ein Spitzname, dem ihm seine kleine Schwester verpasste, die Giuseppe einst nicht richtig aussprechen konnte. Er fragt gerne mal, was es denn sein darf. Und nein, das ist kein Scherz, denn der ehemalige Stürmer lebt in Österreich und arbeitet dort als Kellner. Wer in Tirol nach einer langen Wanderung in einem Lokal einkehrt, könnte also plötzlich von „Billy“ bedient werden.

Seine Zeit im Fußballgeschäft scheint jedenfalls vorbei, zumindest auf professioneller Ebene. Zwar war er unter anderem beim unterklassigen FC Oberndorf als Spielertrainer tätig, für mehr reicht es aber schlussendlich nicht. Im österreichischen Skigebiet Buchensteinwand dürfte er daher mehr Leuten als Ober, denn als Kicker bekannt sein.

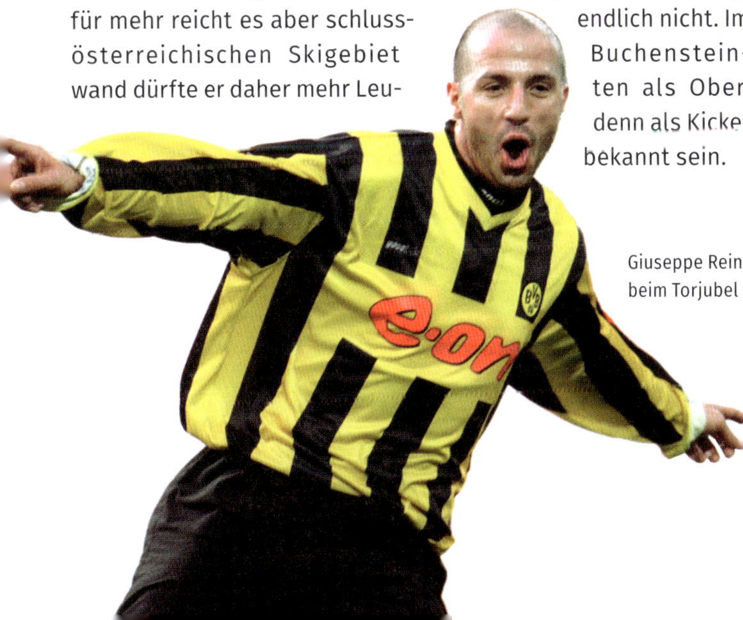

Giuseppe Reina beim Torjubel

Cry for me Argentina

Das Lied „Don't cry for me Argentina" von Madonna ist eines der bekanntesten der letzten Jahrzehnte. Es passt wie die Faust aufs Auge zu einer Nation, bei der Drama immer eine ganz besondere Rolle spielt. So auch beim Fußball.

Und was hat das Land aus Südamerika nicht alles schon für herausragende Kicker hervorgebracht, allen voran Mario Kempes, Diego Maradona oder Lionel Messi. Aber während einige Brasilianer beim BVB in die Club-Annalen eingingen, hieß es meist „Cry for me Argentina", sobald ein Akteur aus Argentinien das schwarzgelbe Trikot überstreifte.

Stürmer „Pato" Margetic floppte so dermaßen, dass ihm sogar ein eigenes Kapitel gewidmet ist. Viel besser machte es Leonardo Adrian Rodríguez Iacobitti, kurz Leo Rodríguez, allerdings auch nicht. Es reichte 1994 nur zu sieben Partien. Vielleicht dauerte es auch deshalb etwas, bis sich die Borussia traute, das nächste Mal in Argentinien zuzuschlagen. Juan Ramón Fernández kam schließlich 2002 mit der Empfehlung eines Länderspiels in den Ruhrpott. Er blieb für drei Jahre, wobei er 2004 an River Plate ausgeliehen war. Fernandez brachte es auf 14 Pflichtspiele für die Profis und wurde teilweise sogar bei den Amateuren eingesetzt.

So halbwegs auf Nummer sicher ging der Verein 2007 mit der Verpflichtung von Diego Fernando Klimowicz. Der Stürmer war in den vorherigen sechs Jahren immerhin zum Rekordschützen des VfL Wolfsburg aufgestiegen. In seiner ersten Saison traf er in 28 Spielen sechs Mal, davon fünf Mal als Joker, damals Bestwert in der Bundesliga. Nach zehn Partien ohne Tor zog es ihn in der Winterpause der darauffolgenden Spielzeit zum VfL Bochum. Eine richtige Erfolgsgeschichte wurde auch er also nicht. Hoffnungsvoll war man, dass Leonardo Balerdi, der im Januar 2019 in Dortmund anheuerte, es seinen Landsleuten nicht nachmachen würde. Doch er absolvierte nur sieben Spiele bei den Profis, ihn zog es nach nur einer Saison zu Olympique Marseille.

Der falsche Norweger

Als Borussia Dortmund im Januar 2020 den jungen Stürmer Erling Haaland verpflichtet, ahnt niemand, dass er innerhalb von nur zweieinhalb Jahren in die Geschichtsbücher des Vereins, der Bundesliga und auch der Champions League eingehen würde. Der Norweger, dem das Talent in die Wiege gelegt wurde, erzielt bei seinem Debüt für den BVB gleich drei Treffer und schießt das Team so zu einem Sieg in Augsburg. Es folgen Tore, Tore und nochmals Tore. Im Zuge dessen bricht der Blondschopf einen Rekord nach dem anderen.

Damit einher geht natürlich auch eine gesteigerte Aufmerksamkeit, besonders in seinem Heimatland. Doch genau da liegt der Fehler, wenn man ihn denn als solchen bezeichnen möchte. Denn Haaland ist eigentlich gar kein Norweger. Denn geboren wurde er 2001 im englischen Leeds. 2003 zog seine Familie wieder in den hohen Norden, die doppelte Staatsbürgerschaft (norwegisch – englisch) aber besitzt Haaland noch heute. Sein Vater trug damals das Trikot des ortsansässigen Clubs Leeds United. Alf-Inge war ein eher durchschnittlicher Kicker und räumte im Mittelfeld ordentlich ab. Für eine ganz große Karriere reichte es nicht, aber immerhin brachte er es auf 34 Länderspiele.

Sein Sohn ist ihm also um einiges voraus und schreibt in seiner Dortmunder Zeit eine Schlagzeile nach der anderen. Zunächst ausnahmslos sportliche, bevor Transfergerüchte und Wechselabsichten ein wenig überhandnehmen. Der Abschied von den Fans fällt entsprechend kalt aus, obwohl Haaland zu einem der erfolgreichsten Torjäger der BVB-Historie aufsteigt. Man mag sich gar nicht ausrechnen wie weit es hätte gehen können. Die Zahlen sprechen schließlich für sich. In der Bundesliga bringt er es in 67 Partien auf sagenhafte 62 Treffer.

Während national mit Robert Lewandowski an einem anderen Rekordmann kein Vorbeikommen ist, wird Haaland in der Spielzeit 2020/21 Torschützenkönig in der Champions League. Besonders

sein Fernschusstor gegen Paris im Februar reißt die Fans förmlich von den Sitzen. In diesem Augenblick liegen ihm die Borussen allesamt zu Füßen. Nun jubelt er also für Manchester City und verdient dabei so viel Geld, wie er es in seinem ganzen Leben nicht wird ausgeben können. Egal ob in Norwegen oder in England.
Hier ein paar Fakten zum Rekordjäger Haaland:

- Er ist der erste Spieler bei Borussia Dortmund, der bei seinem Debüt in der Bundesliga, im DFB-Pokal und in der Champions League trifft. Im DFL-Supercup erzielt der Norweger Ende September 2020 bei seinem Debüt ebenfalls ein Tor.

- Haaland ist der erste norwegische Torschütze beim BVB. Drei seiner Landsleute trugen zuvor das schwarzgelbe Trikot – Steinar Pedersen, Jan Derek Sörensen und Andre Bergdølmo. Tatsächlich blieben sie allesamt torlos.

- Anfang 2020 legt Haaland bereits einen historisch guten Start hin: Er wird zum ersten Spieler in der Bundesliga-Geschichte, der bei seinem Debüt einen Dreierpack als Joker erzielte.

- Haaland ist der Spieler in der Liga-Historie, der mit unter 21 Jahren die meisten Tore erzielte. Der Norweger brachte es auf sagenhafte 40 Treffer. Den Rekord luchste er einem ehemaligen Mitspieler ab: Jadon Sancho hielt die Bestmarke zuvor mit 36 Toren.

- International läuft es ähnlich rund. Als er im Achtelfinale gegen Sevilla im März 2021 sein 20. Tor in der Champions League erzielt, wird er damit zum jüngsten Spieler der Geschichte, der diese Marke in der Königsklasse knackt. Dafür benötigt er nur 14 Partien, ebenfalls Rekord.

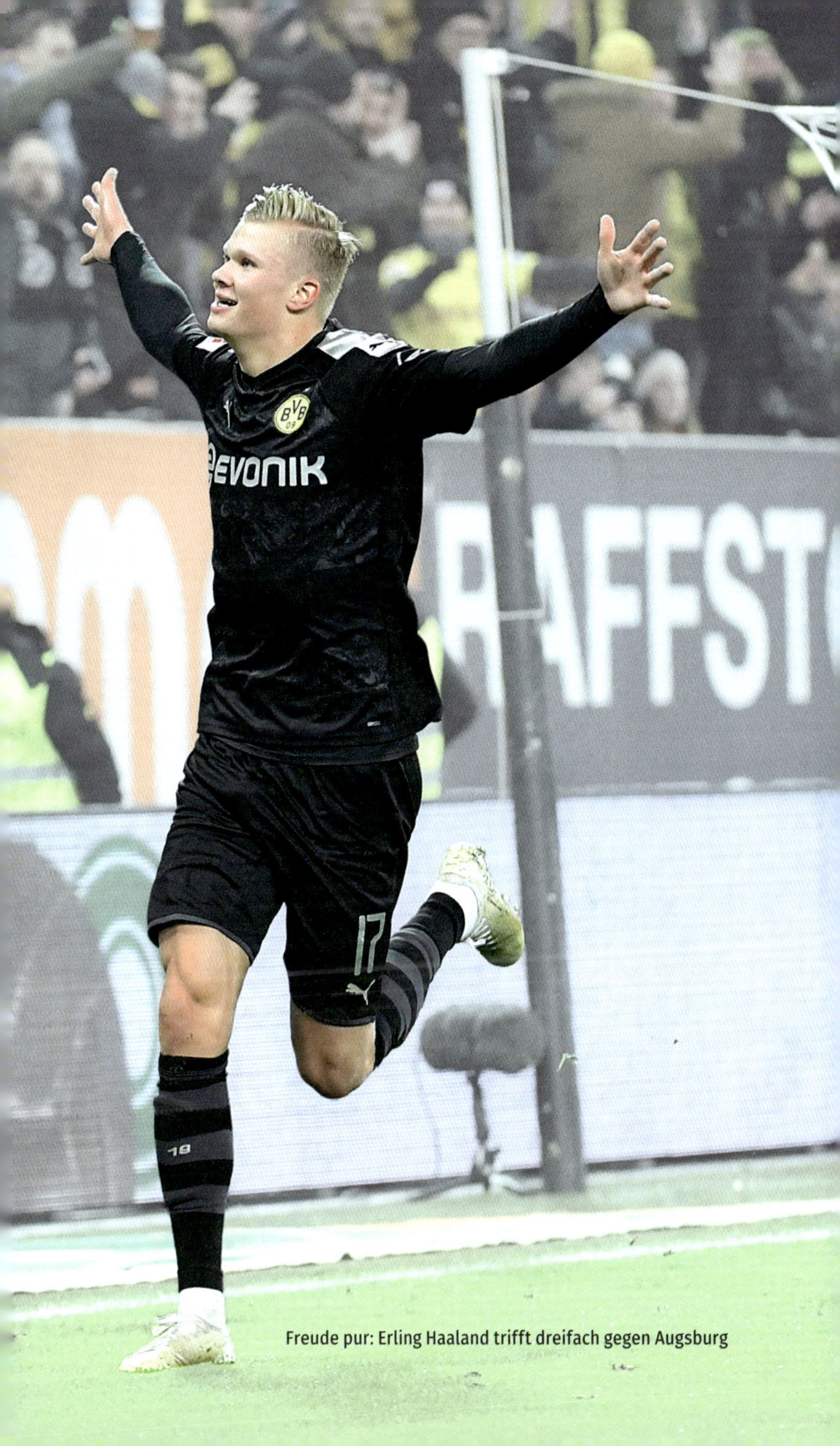

Freude pur: Erling Haaland trifft dreifach gegen Augsburg

Three Lions

Es ist das Mutterland des Fußballs, sagen sie zumindest selbst – in England. Die Premier League ist die Liga mit der weltweit größten Aufmerksamkeit, das steht wohl außer Frage. Kein Wunder, dass auch die jungen Kids am liebsten vor den Ball treten. Und weil auf der Insel seit einiger Zeit sehr gute Arbeit im Nachwuchsbereit gemacht wird, zieht es das ein oder andere Talent aus ins Ausland. Aber nicht nur daher verwundert der Fakt, dass erst vor einigen Jahren überhaupt ein Spieler aus England den Weg zu Borussia Dortmund fand.

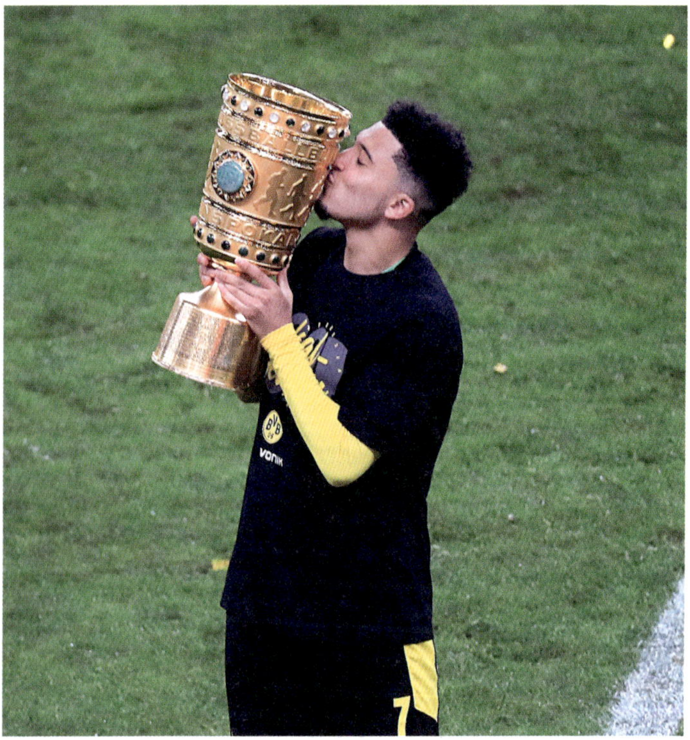

Inniger Moment mit dem DFB-Pokal: Jadon Sancho nach dem Sieg gegen RB Leipzig

Jadon Sancho ist es 2017 vorbehalten, die „Three Lions“ im schwarzgelben Trikot zu vertreten. Das tut der Junge aus London äußerst erfolgreich. Er verzaubert die Fans mit seinen unnachahmlichen Dribblings, tollen Finten und spektakulären Toren. Erst muss sich Sancho ein wenig akklimatisieren, doch als die „Probezeit“ vorbei ist, startet er so richtig durch. In 104 Spielen in der Bundesliga bringt es der Flügelflitzer auf 38 Tore. Vielmehr bleibt den Borussen aber seine Leistung im DFB-Pokalfinale 2021 in Erinnerung. Beim 4:1-Erfolg gegen RB Leipzig steuert er zwei Treffer zum Sieg bei.

Es sollte vorerst der letzte Auftrifft von Sancho als BVB-Akteur sein, im Sommer des gleichen Jahres zieht es ihn zu Manchester United. In der Rückrunde 2023/24 kehrt er kurz zum BVB zurück, ehe er zum FC Chelsea wechselt. Doch sein Abgang ändert nichts daran, dass er anderen Engländern den Weg in den Ruhrpott geebnet hat. Denn der Versuch funktioniert, auf eindrucksvolle Art und Weise. Daher entscheiden sich die Verantwortlichen im Sommer 2020 gleich zwei weitere Engländer nach Dortmund zu lotsen. Der damals erst 16 Jahre alte Jude Bellingham verschlingt dabei eine Ablöse in Höhe von 25 Millionen Euro, die auf das Konto des Zweitligisten Birmingham City fließen. Er glänzt so sehr, dass er im Sommer 2023 zu Real Madrid weiterzieht.

Ebenso mitzureißend ist die Spielweise von Jamie Gittens, der fast zeitgleich mit Bellingham seine Zelte in Dortmund aufschlägt. Der Offensivspieler muss aber eine langwierige Verletzung auskurieren und feiert sein Debüt bei den Profis daher erst im April 2022. Three Lions sind damit endgültig Three Borussen Bundesliga Lions.

Spieler	Geburtstag	Bundesliga-Debüt	Alter bei Debüt
Jadon Sancho	25.03.2000	21.10.2017	17 Jahre, 210 Tage
Jude Bellingham	29.06.2003	19.09.2020	17 Jahre, 83 Tage
Jamie Gittens	08.08.2004	16.04.2022	17 Jahre, 251 Tage

Die Monster von Loch Ness

Deutlich früher als die Teenager aus England landeten schottische Kicker in Dortmund. Gut, aus Loch Ness stammt keiner der drei Akteure. Aber zumindest zwei davon sind jedem Borussen noch heute ein Begriff und waren als kampfstarke Spieler durchaus eine Art Monster im Mittelfeld, klassische Arbeiter eben und somit für die Fans der Schwarzgelben wie gemacht.

Als Murdo MacLeod 1987 zum BVB kommt, befindet er sich bereits im Herbst seiner bis dato höchst erfolgreiche Karriere. Für Celtic Glasgow hat er über 280 Partien absolviert und holt mit dem Verein aus seiner Heimatstadt sieben Titel, darunter vier Meisterschaften. Kaum jemand glaubt, dass er in Dortmund noch über 100 Bundesliga-Spiele draufpackt.

Doch im Ruhrpott blüht MacLeod so richtig auf und wird sogar eine feste Größe in der schottischen Nationalmannschaft, inklusive einer Teilnahme an der Weltmeisterschaft 1990 in Italien. Absoluter Höhepunkt ist für ihn aber der Gewinn des DFB-Pokals 1989 in Berlin, mit dem er sich für immer in den Geschichtsbüchern des Clubs festschreibt.

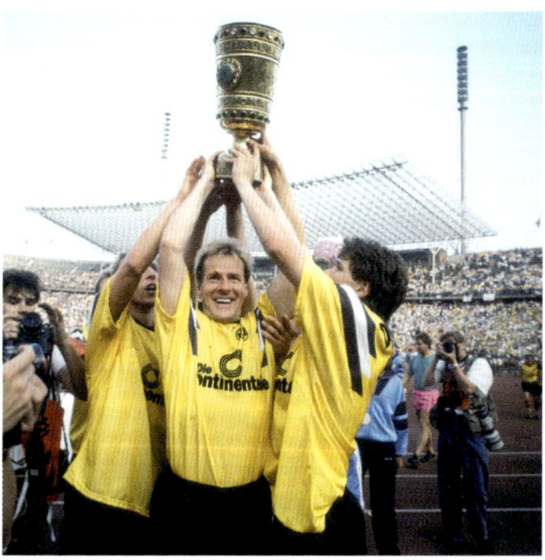

Murdo MacLeod (Mitte) feiert mit Andreas Möller (r.) und Günter Kutowski den Pokalsieg 1989.

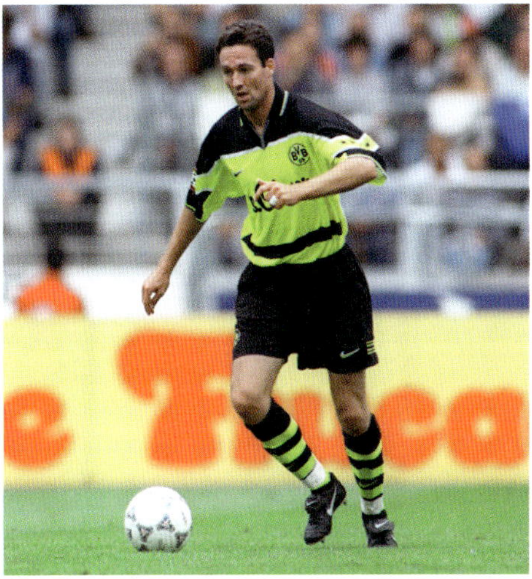

Fanliebling Paul Lambert

Es dauert sechs Jahre, bis die BVB-Bosse den nächsten Schotten verpflichten. Die Liebesbeziehung zwischen Paul Lambert und den Fans ist aber nicht weniger innig. Kurios ist, dass seine Laufbahn im Vergleich zu der von MacLeod quasi mit dem Höhepunkt beginnt. Gut, den Pokalsieg mit dem FC St. Mirren sollte man nicht unterschlagen.

Aber in Dortmund gewinnt er als wichtiger Bestandteil des Mittelfelds 1997 die Champions League, ehe ihn das Heimweg plagt und er ein paar Monate später wieder die Heimreise antritt, im wahrsten Sinne des Wortes. Wie MacLeod stammt er aus Glasgow, wie MacLeod wird er vier Mal schottischer Meister mit Celtic. Und wie MacLeod lieben ihn die Fans beider Clubs noch heute.

Als Lambert noch das Trikot der Borussia trägt, heuert Scott Booth mit der Empfehlung von 43 Toren in 164 Spielen für den FC Aberdeen im Pott an. Nach nur zehn Einsätzen mit nur einem Treffer folgen zwei Leihgeschäfte, bevor das Missverständnis beendet wird. Als Trainer der Frauen des Glasgow City LFC ist er deutlich erfolgreicher und führt das Team zwischen 2015 und 2021 zu fünf Meistertiteln.

27052023 – Acht Ziffern und ein Trauma

Der Jubel kannte keinen Grenzen am 21. Mai 2023, an einem Sonntagnachmittag. Bestes Wetter in Dortmund, die BVB-Fans heiß wie Frittenfett. Und das, obwohl das Spiel beim FC Augsburg um 17:30 Uhr stattfand, wohl die mit ganz großem Abstand unbeliebteste Anstoßzeit bei Bundesliga-Fans. Eine weite Fahrt, quer durch die Republik und am nächsten Tag wartet die Arbeit.

Doch alleine das Ergebnis der Bayern am Tag zuvor hatte all das zur Seite gewischt, ein Sieg und das frühe Aufstehen am Montag wäre völlig egal. Denn tatsächlich hatte das verhasste RB Leipzig seine Partie in München mit 3:1 gewonnen und so dem Rekordmeister nicht nur eine bittere Niederlage beigebracht, sondern den Schwarzgelben eine ungeahnte Möglichkeit beschert.

Drei Punkte in der Fuggerstadt und man würde an die Tabellenspitze klettern, einen Spieltag vor dem Ende der Saison. Die Kneipen und Bars in Dortmund? Proppenvoll. Die Stimmung? Nervös und auch angespannt, aber erwartungsvoll. Es dauerte, es wurde gezittert. Bis die Erlösung kam, in Form von Sébastien Haller. Nach gut einer Stunde trifft der Ivorer, am Ende gewinnt der BVB mit 3:0.

Es fehlte also nur noch ein Sieg zum Abschluss gegen Mainz. Gegen ein Mainz, für das es um nichts mehr als die Ehre ging. Gefangen im Mittelfeld der Tabelle, ohne Chance auf den Europapokal. Für alle war also klar, dass die Borussia das Duell mit den Rheinhessen quasi im Vorbeigehen gewinnen und die erste Meisterschaft seit 2012 feiern würde.

Eine Woche lang lag über der Stadt eine nur schwer zu beschreibende Vorfreude, es knisterte. Alle fragten sich nur, wo sie nach dem Schlusspfiff würden feiern können, die Ticketnachfrage kannte keine Grenzen, die Leute waren wie elektrisiert. Der Korso für den Tag danach war längst geplant, alle wollten sich nur noch in den Armen liegen und es krachen lassen.

Tja, und dann kam es, wie es kommen musste. Der 27. Mai, er wurde zu einem schwarzen Tag für Borussia Dortmund und seine Fans. Im ersten Moment der Schock der frühen Mainzer Führung, dann der verschossene Elfmeter wenige Minuten später, dem eine Diskussion zwischen Sébastien Haller und Emre Can vorausgegangen war. Letzterer gab nach, Haller verschoss, der Rest ist bekannt.

Für die Gastronomie in der Stadt eine Katastrophe, für alle mit einem schwarzgelben Herz ein ganz großes Drama. Tage später war die Leere noch überall zu spüren, auch wenn direkt nach dem Abpfiff die Fans im Stadion ihr Team und Trainer Edin Terzić minutenlang feierten. Am Ende wurde es nichts mit der großen Party, sondern es entstand das vielleicht größte Trauma der BVB-Geschichte.

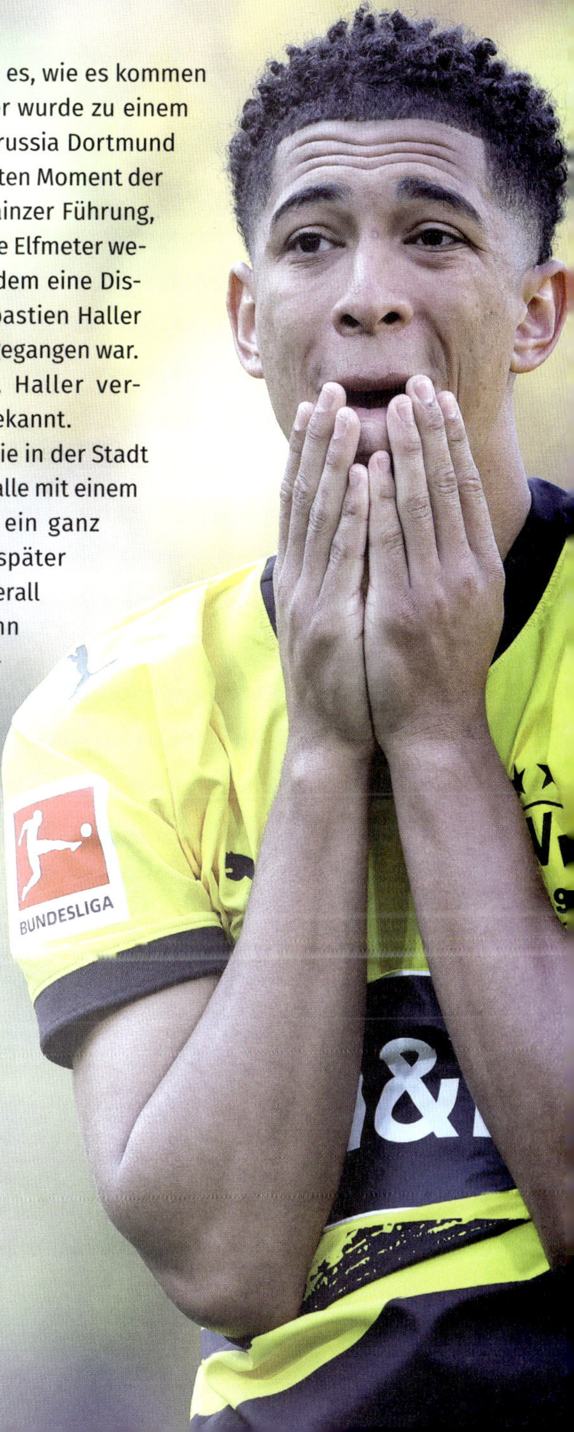

Jude Bellingham kann es nicht fassen: Der BVB hat die Meisterschaft verspielt.

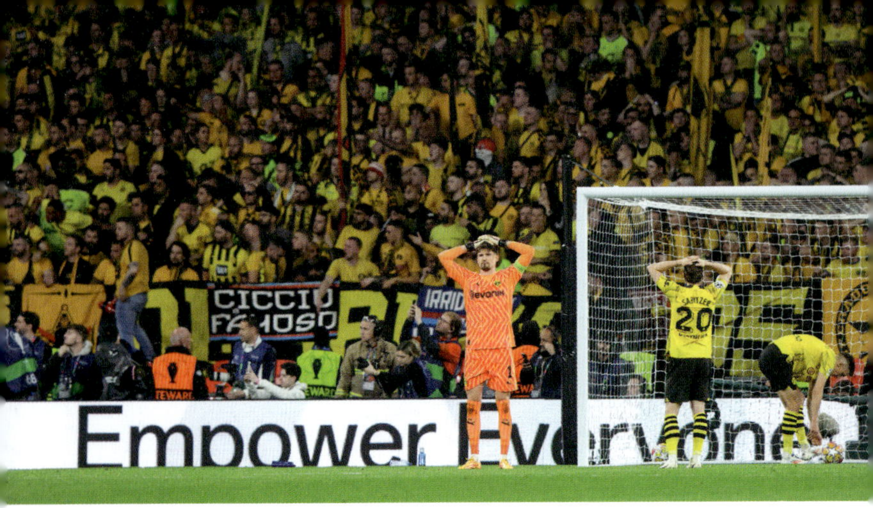

Enttäuschung pur: Gregor Kobel, Marcel Sabitzer und Nico Schlotterbeck nach dem 0:2

Wembley Reloaded und die Faust von Budapest

Wembley, das ist die Kathedrale des Fußballs. Ein Stadion mit einer unfassbaren Historie, in dem bereits unendlich viele, äußerst geschichtsträchtige Partien stattgefunden haben. Wo einst ein Tor erzielt wurde, das keines war, und wo 2013 Borussia Dortmund im Finale der Champions League knapp gegen Bayern München unterlag.

Immer wieder finden dort auch die ganz wichtigen Endspiele statt, gerade seit dem Umbau Mitte der 2000er Jahre. Das alte Wembley erstrahlt in neuem Glanz und so fand dort 2024 bereits zum dritten Mal seit der Wiedereröffnung das Finale der Champions League statt. Nach grandiosen Duellen mit Atlético Madrid und Paris Saint-Germain tatsächlich mit dem BVB!

Die Lust auf diese Begegnung war aus vielerlei Hinsicht besonders groß. Zum zweiten Mal nach 1997 sollte der Henkelpott den Weg nach Dortmund finden, das Trauma gegen Mainz samt verpasster Meisterschaft lag zudem erst ein Jahr zurück. Dazu kam eine mäßige Saison in der Bundesliga und eben das elf Jahre zuvor an gleicher Stelle verlorene Duell mit den Bayern.

Der 1. Juni 2024, er sollte zum Feiertag werden. In London, in Dortmund und für die BVB-Fans rund um den Globus. Auch in Budapest, wo der offiziell eingetragene ungarische Fan-Club das Finale von Wembley im Black Door Darts & Sport Pub verfolgte. Eine enge Kellerkneipe, in der es an diesem Abend vor Schwarzgelben nur so wimmelte. Platz? Kaum! Temperatur? Verdammt heiß.

Von Spielminute zu Spielminute wurde es wärmer, die Stimmung immer hitziger, das Bier floss in Strömen. Die vergebenen Chancen der Borussia machten die Fans nervös, gaben ihnen aber auch Hoffnung. Bis, ja bis zur 74. Minute, als Dani Carvajal das 1:0 für Real Madrid erzielte. Endgültig vorbei war es dann neun Minuten später, als Vinicius Junior den Endstand von 2:0 markierte.

Doch davon bekam die Hälfte der gut 100 Fans in der Budapester Kellerkneipe nicht mehr ganz so viel mit. Denn der Frust saß bei BVB-Anhänger Gabor so tief, dass er mit seiner Faust mitten in den Fernseher schlug, der an der Wand hing. Die Scheibe zersprang, das Bild war weg und der Henkelpott auch. Zum Glück gab es noch zwei weitere Fernseher. Und jede Menge Bier.

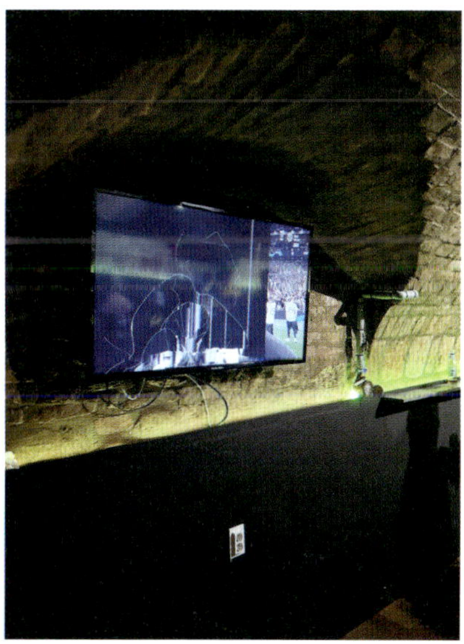

Zerborstene Hoffnung: der Fernseher von Budapest

Das Quiz für echte BVB-Experten

1. In welchem Monat wurde Borussia Dortmund gegründet?

a) Dezember
b) April
c) September

2. Aus welchem Land stammt der Nachfolger von Trainer Ottmar Hitzfeld 1997?

a) Spanien
b) Italien
c) Portugal

3. Wie hieß die erste Spielstätte des BVB?

a) Weiße Wiese
b) Grüne Wiese
c) Gelbe Wiese

4. Wie oft erzielte ein Spieler im BVB-Trikot das „Tor des Jahres"?

a) ein Mal
b) zwei Mal
c) vier Mal

5. Welches Tier zierte einst für kurze Zeit das Vereinslogo?

a) Salamander
b) Biene
c) Löwe

6. Wer war der erste von zahlreichen Italien-Legionären, der in den 1990ern den Weg nach Dortmund fand?

a) Matthias Sammer
b) Andreas Möller
c) Stefan Reuter

7. Für welchen Verein war Manfred Burgsmüller nach seiner Fußballkarriere als Kicker im American Football aktiv?

a) Frankfurt Galaxy
b) Rhein Fire
c) Cologne Centurions

8. Wie hieß ein bekanntes Vorbereitungsturnier, das der BVB in den 1990ern zwei Mal gewann?

a) Agfa-Pokal
b) Fuji-Cup
c) Kodak-Trophäe

9. Von welchem Verein kam einst Stephane Chapuisat nach Dortmund?

a) Wattenscheid 09
b) MSV Duisburg
c) Bayer Uerdingen

10. Gegen wen rettete Jürgen Kohler 1997 im Halbfinal-Rückspiel der Champions League bei Manchester United auf dem Boden liegend mit der Sohle?

a) Ryan Giggs
b) Eric Cantona
c) David Beckham

11. Wie viele Spieler wurden im BVB-Trikot Bundesliga-Torschützenkönig?

a) drei
b) vier
c) sechs

12. Wie viele Spieler aus Schweden trugen bislang in der Bundesliga das BVB-Trikot?

a) einer
b) drei
c) fünf

13. Von welchem Verein kam Shinji Kagawa 2010 nach Dortmund?

a) Kashima Antlers
b) Urawa Red Diamonds
c) Cerezo Osaka

14. Wie viele Jahre lagen zwischen dem DFB-Pokalsieg 1989 und der nächsten Finalteilnahme?

a) 19 Jahre
b) 17 Jahre
c) 15 Jahre

15. Wer war der beste BVB-Ligatorschütze mit den wenigsten Toren in einer Saison seit Gründung der Bundesliga?

a) Michael Zorc
b) Fredi Bobic
c) Bernd Klotz

16. Welcher Spitzname eines BVB-Spielers ist falsch?

a) Tulpe für Harry Decheiver
b) Stoffel für Stefan Klos
c) Mozart für Tomas Rosicky

17. Wo spielte der BVB noch nie?

a) Wembley Stadium (London)
b) Stadio Olimpico (Rom)
c) Stade de France (Paris)

18. Wie heißt die Gaststätte, in der Borussia Dortmund gegründet wurde?

a) Wildschütz
b) Zur Post
c) Ratskeller

19. Welche Abteilung gibt es im Verein nicht?

a) Handball
b) Leichtathletik
c) Schwimmen

20. Wo fand das Entscheidungsspiel der Relegation 1986 gegen Fortuna Köln statt?

a) Rheinstadion
b) Stadion am Bökelberg
c) Müngersdorfer Stadion

21. In welchem Jahr übernahm Norbert Dickel die Rolle des Stadionsprechers?

a) 1991
b) 1992
c) 1993

22. Wann erhielt das Westfalenstadion seinen ersten Oberrang?

a) 2001
b) 1992
c) 1995

23. Wer war bis zur Einführung des Euro der teuerste Einkauf der Vereinsgeschichte?

a) Paulo Sousa
b) Márcio Amoroso
c) Matthias Sammer

24. In welcher Stadt gewann der BVB 1966 den Europapokal der Pokalsieger?

a) Cardiff
b) Dublin
c) Glasgow

25. Welchen Beruf übt der ehemalige Borusse Knut Reinhardt heute aus?

a) Lehrer
b) Schreiner
c) Arzt

26. Wie hieß der Gegner im Spiel um den Weltpokal 1997?

a) River Plate
b) Once Caldas
c) Cruzeiro Belo Horizonte

27. Aus welchem Land kam der erste ausländische BVB-Trainer in der ersten Bundesliga?

a) Kroatien
b) Ungarn
c) Italien

28. Gegen welchen norwegischen Vertreter musste der BVB in der Qualifikation zur Europa League im Sommer 2015 antreten?

a) Odds BK
b) Lillestrøm SK
c) Tromsø IL

29. Wie oft gewann der BVB bisher den Supercup?

a) vier Mal
b) fünf Mal
b) sechs Mal

30. Wer trainierte in der Saison 1999/00 nicht den BVB?

a) Michael Skibbe
b) Bernd Krauss
c) Jürgen Röber

Quiz-Lösungen

1 a – Dezember
2 b – Italien
3 a – Weiße Wiese
4 b – zwei Mal
5 c – Löwe
6 c – Stefan Reuter
7 b – Rhein Fire
8 b – Fuji-Cup
9 c – Bayer Uerdingen
10 b – Eric Cantona
11 b – vier
12 a – einer
13 c – Cerezo Osaka
14 a – 19 Jahre
15 b – Fredi Bobic
16 a – Tulpe für Harry Decheiver
17 c – Stade de France
18 a – Wildschütz
19 c – Schwimmen
20 a – Rheinstadion
21 b – 1992
22 c – 1995
23 b – Marcio Amoroso
24 c – Glasgow
25 a – Lehrer
26 c – Cruzeiro Belo Horizonte
27 a – Kroatien
28 a – Odds BK
29 c – sechs Mal
30 c – Jürgen Röber

Zitate

„Grau is' alle Theorie – entscheidend is' auf'm Platz."
Alfred „Adi" Preißler – hätte auch Philosoph werden können.

„Gib mich die Kirsche!"
Lothar Emmerich – bekam gerne den Ball zugespielt.

„Mein Problem ist, dass ich immer sehr selbstkritisch bin, auch mir selbst gegenüber."
Andreas Möller – war nie sorgenfrei.

„We have a grandios Saison gespielt."
Roman Weidenfeller – hatte Englisch nur bis zur Grundschule.

„Das nächste Spiel ist immer das nächste."
Matthias Sammer – hatte immer die Übersicht.

„Wenn man meine Motivation in Flaschen abfüllt, dann kommt man dafür in den Knast, wenn man das verkauft."
Jürgen Klopp – war kurz davor kriminell zu werden.

„Frank Mill ist mit allen Abwassern gewaschen."
Norbert Dickel – mochte das Parfüm seiner Mitspieler.